In 27
40/13

CONSÉQUENCES
MÉDIATES
DES RÉVÉLATIONS PRIVÉES
de Mme. de Lalive d'Epinay.

A PARIS,

Se vend au profit des Pauvres,

Chez Delaunay, Libraire, Palais Royal, galerie de bois.

1818.

LETTRES

ADRESSÉES

Par Mr de la Garenne,

Second Fils de l'Introducteur des Ambassadeurs à la Cour de France,

A M. DE LALIVE,

SON BEAU-PÈRE,

AUJOURD'HUI INTRODUCTEUR;

PRÉCÉDÉES DE

QUELQUES CONSIDÉRATIONS SUR LA POSITION POLITIQUE DES ESPRITS;

SUIVIES DE

DIVERSES LETTRES

ADRESSÉES PAR LE MÊME AUX MINISTRES;

ET D'UNE RÉPONSE

AU MANUSCRIT MIS SOUS LES YEUX DU ROI, PAR M^r. DE LALIVE.

―――※―――

A PARIS,

Chez DONDEY-DUPRÉ, Imprimeur-Libraire, rue St.-Louis, n°. 46, au Marais, et rue Neuve St.-Marc, n°. 10, près la place des Italiens.

1819.

AVANT-PROPOS (*).

> Ainsi la liberté ne peut plus être utile
> Qu'à former les fureurs d'une guerre civile;
> Lorsque par un désordre à l'univers fatal,
> L'un ne veut point de maître, et l'autre point d'égal.
> CORNEILLE. *Cinna.*

L'AVEUGLEMENT est extrême; le désordre est à son comble; le génie dévastateur des révolutions chante déjà ses succès : il aspire à moissonner l'espèce humaine sur l'un et l'autre hémisphères, et ses torches sanglantes répandent un faux jour sur la scène du monde.

Au milieu de cette tourmente effroyable, les chefs, pour la plupart, méconnaissent leurs fidèles, et c'est à la

---

(*) Ce ne sont pas nos facultés, mais bien notre courage, qu'il faut consulter, lorsque les sermens au prince et l'amour de la patrie exigent que le plus faible unisse ses accens à de plus nobles accens, pour former ce divin concert qui doit l'emporter sur la voix de l'impie, préparer le triomphe de la vérité et celui de la prospérité publique.

Leurs principes erronés ont traversé mon existence et fait décimer ma famille : si je me tais, ils me menacent déjà de cette loi de l'antiquité qui condamnait à être étouffés ceux qui, dans certaines circonstances, n'embrassaient pas un parti. Peut-être, si je parle, aurai-je encore encouru le même supplice. De telles chances motiveraient assez à elles seules le soin que je prends de signaler ceux qui, non contens d'avoir jusqu'ici frappé impunément, osent bien menacer encore?

tête des colonnes ennemies qu'ils se font honneur de les frapper.

Les nations égarées s'étonnent encore du devoir qu'on leur impose, de vouer leurs premiers nés à la haine et aux vengeances; et dans ce siècle de lumières, la raison, l'expérience et les saines doctrines jettent à peine de loin en loin quelques faibles lueurs qu'éclipse aussitôt l'immoralité du siècle.

Paris, le centre du monde politique; Paris, aujourd'hui le palais de la discorde, voit éclore chaque jour mille écrits divers, dans lesquels la vérité insidieusement travestie va porter de toutes parts les fermens du désordre et de la révolte. Le riche qui les lit, veut incessamment acquérir; l'ambitieux qui les analyse, veut encore envahir, et le pauvre qui les écoute, prétend du moins user de ses droits pour assurer son existence. On parle de concorde, et vingt journaux que tolère la censure, attisent les passions, animent les partis. On a fait du scandale le plus honteux trafic, et les plus beaux esprits n'échappent pas même à ce nouveau genre de prostitution. Ils sapent, ils détruisent à grand bruit, et cependant sans le moindre effort, ces préjugés indispensables, péniblement institués par la morale pour servir de digues à nos passions, et la mesure de leurs succès est encore la mesure de leur témérité, aussi bien que celle de la dépravation publique.

Si ceux-ci consentent à faire plier leur orgueil jusqu'à reconnaître avec nos pères la puissance des souvenirs dans une monarchie, s'ils s'instituent historiens, et s'arrogent ainsi le droit de juger souverainement, en vingt pages, la dynastie qui règne sur la France, ce n'est pas pour mieux signaler leur amour pour l'ordre et leur respect pour le prince; c'est pour réduire au néant les vertus et les exploits des héros de sa race; et si Henri-le-Grand captive encore leur admiration, lui seul fait exception à la règle, et le héros du 18e. siècle, le roi, martyr de son amour pour son peuple, n'est pas même exempt de leur mépris; car on n'aime pas les peuples, lorsqu'il s'agit d'abuser cruellement de leur crédulité; mais on déteste les rois dont le devoir est de les garantir.

Ceux-là, non moins enhardis, ménagent à l'auguste chef de la famille royale, l'agréable surprise d'avoir à accueillir le génie des commencemens (1), le vieil amant

---

(1) Je ne me permets pas de décider jusqu'à quel point un sujet est excusable, de compromettre à la fois les intérêts de son souverain et ceux de sa patrie, en cherchant à réaliser les beaux rêves qu'il a faits en leur faveur; mais je citerai deux écrits nouveaux, l'un de M. P..... l'autre du général G.... Le premier, après avoir rappelé que M. de la Fayette devait sa célébrité aux bontés de la reine; qu'elle-même, oubliant qu'il était parti pour l'Amérique à l'âge de dix-neuf ans, en contravention aux ordres du roi, avait daigné quitter l'Opéra où elle était au moment de son arrivée, aller au-devant de lui, le recevoir dans sa voiture, et lui composer une entrée triomphale à Paris, en présentant à la renommée le favori de la victoire, ajoute :

« Malheureuse princesse! elle était bien loin de penser que ce guer-
» rier, commandant dans Paris, ne lui sauverait aucune des humilia-
» tions dont la garde nationale l'accabla à son entrée dans cette capi-
» tale ». . . . . . . au retour de Varennes.

Le second, après avoir rappelé que la chambre des députés s'était mise en insurrection contre Napoléon en 1815, qu'elle avait déclaré traître à la patrie quiconque voudrait suspendre sa permanence, ajoute que « M. de la Fayette paraissait se placer à la tête d'un parti dont on

de cette révolution, qui, désignant ses victimes jusque sur le trône, immola tour à tour le monarque, la souveraine, leur fils et leur neveu.

La fidélité n'est plus une vertu; la modération va bientôt devenir un crime. Loin de redouter pour notre malheureuse patrie de nouvelles convulsions politiques, ceux qui détrônèrent Louis XVI et ceux qui surent faire abdiquer le prince du Champ de Mai, sont à leurs yeux également propres à calmer l'agitation qui nous mine, à garantir la stabilité de la monarchie, à nous donner de sages lois; ce sont eux qu'ils désignent à nos suffrages, comme dignes collaborateurs du prince; et si, pour le mettre au même rang, on n'ose encore exhumer Santerre, du moins célèbre-t-on hautement les vertus de ces nobles citoyens qui surent trouver des généraux pour commander, et lui seul pour obéir.

Leur intérêt est à jamais en oubli : ce sont tous, à les entendre, de saintes gens qu'une vocation sacrée inspire pour le bonheur des peuples. Dieu garde à jamais les peuples des discours flatteurs de ces officieux défenseurs; des chants mélodieux de ces syrènes politiques, nouveau fléau qui afflige l'humanité ! et puisse la terre n'être pas une seconde fois rougie du sang de l'innocent, et ne les

---

» ignorait les véritables intentions ». (L'insurrection est le plus saint des devoirs, selon quelques-uns). Et plus loin il dit : « Les vertiges
» des chambres étaient tels, que dans ces momens importans elles s'amu-
» saient à de vaines discussions de principes de constitutions. La postérité
» aura peine à croire qu'elles poussèrent l'aveuglement au point d'es-
» pérer que des bataillons prussiens viendraient garantir et assurer l'exé-
» cution de leurs décrets ».

voir pas revêtir à leur tour la dépouille du juste! Toutefois, intervertissant déjà l'ordre qu'a prétendu établir la charte, ils parviennent aisément à se mettre en crédit, en dirigeant contre la minorité de terribles attaques (1);

(1) Que chacun adresse ses vœux au gouvernement, et prétende lui faire partager ses propres opinions pour mieux assurer le bonheur du peuple, tel pourrait être le résultat d'idées véritablement libérales : mais n'est-il donc plus vrai que ce serait sans avantage pour l'humanité, que la minorité heureuse de la nation changerait de position avec une portion de la majorité moins bien partagée? Quel gouvernement ce principe méconnu ou sans cesse attaqué, pourrait-il laisser subsister? Qu'on me permette une comparaison qui ne peut atteindre ces braves officiers qui jamais n'ont dévié du chemin de l'honneur, et parmi lesquels la France a trouvé tant de généraux qui ont illustré ses armes. Mais de quels titres enfin faudrait-il décorer quelques turbulens et ambitieux sous-lieutenans, préférant un avancement rapide à un honorable avancement, et qui trahissant à la fois leurs chefs et leurs égaux, anéantiraient la discipline de l'armée, porteraient le désordre dans tous les rangs, s'essayeraient à soulever sous-officiers et soldats, en leur offrant la perfide assurance qu'ils vont eux-mêmes renoncer en leur faveur à tous les avantages du commandement, et qu'ils sont, par cela même, seuls habiles à les commander? Si le ciel, pour mon malheur, m'avait confié le commandement d'une armée ainsi désorganisée, dussé-je être accusé d'attenter au progrès des lumières, d'éteindre, c'est-à-dire, le divin flambeau de la discorde, ou bien encore de dormir éveillé par ces somnambules outrés que leur intérêt tient assoupis, et que depuis un tiers de siècle n'ont pu réveiller les cris des mourans, les plaintes des victimes, et tout le fracas de cette révolution qui a ébranlé le monde, j'aurais bientôt fait retrancher du dictionnaire des réactions, en séance académique et *sine quâ non*, ces expressions, les unes gothiques et féodales, les autres libérales et chimériques, dont l'effet déjà reconnu est incontestable sur l'esprit des peuples qu'on veut soulever; je décernerais à propos, à titre d'encouragement, de récompense, et pour accroître l'émulation,

ils provoquent l'émission d'une loi révolutionnaire, d'une nouvelle loi sur les suspects, qui, éminemment libérale quelques sourdines à l'usage des perturbateurs, dont l'effet merveilleux ferait rejaillir à grands flots et sans aucuns nuages, les lumières de la vérité : tout rentrerait dans l'ordre, chacun se replacerait à son rang ; et si l'un de ces messieurs les turbulens, déjà bien payé, déjà trop grassement récompensé, mais trouvant pour s'avancer encore la méthode facile et bonne, s'avisait de signaler à la fureur du soldat « un *parti* (com-
» posé de ses chefs et de ses égaux), comme ayant l'habitude d'aller men-
» dier au dehors la force qui lui manque au-dedans, penchant à de
» parricides alliances avec l'étranger, devenu le trait qui, plus encore
» que ses doctrines absurdes, l'a flétri aux yeux de (*l'armée*) d'une répro-
» bation éternelle », je lui ferais grace à la fois de ses services et de sa gratitude ; et après lui avoir rappelé, comme objet de comparaison, le protocole de la déclaration des souverains, dans lequel on lit « que la
» France associée aux autres puissances par la restauration du pouvoir
» monarchique, légitime et constitutionnel, s'engage à concourir désor-
» mais au maintien et à l'affermissement d'un système qui a donné la paix
» à l'Europe, et qui peut seul en assurer la durée ».

Après lui avoir démontré qu'ainsi le but plus ou moins rapproché de ses attaques plus ou moins directes, serait de mettre encore aux prises avec dix autres armées, l'armée dont il fait partie ; qu'ainsi c'est pour son intérêt personnel qu'il la trahit et la compromet ; que d'ailleurs il ne se peut croire, pour la sauver après, ni meilleur droit, ni plus capable que celui qui succomba naguère au milieu d'elle : c'est lui peut-être, en le connaissant mieux, que je choisirais pour éclairer le camp : deux heures au moins par jour, il faudrait qu'il pérorât, jusqu'à ce qu'on discernât aisément que les chefs, ainsi que le général, doivent encore soins et protection à l'armée révoltée ; que leurs causes ne peuvent être séparées ; que sans eux et sans lui, après avoir passé sous la puissance des plus mal-intentionnés, elle serait bientôt réduite à la merci de l'ennemi ; et qu'enfin le parti des révoltés est le seul *penchant à des alliances par-ricides* de l'humanité du prince et de la patrie.

en effet, enleverait à la sollicitude paternelle les enfans de ces *monarchistes*, si légitimement soupçonnés de conserver autour du trône quelques respectueux souvenirs, des PRÉJUGÉS religieux et monarchiques.

Ils se montrent ailleurs effectivement relevés de toutes sortes de préjugés, et offrent en spectacle à la multitude étonnée, un ministère, objet de leur mépris, et en butte aux plus amères railleries. Selon eux, la charte dispose mal encore, ou bien est mal interprétée ; chacun veut incessamment la réformer à son gré, et nuancer à sa guise le système constitutionnel : la représentation nationale, en même tems censurée, n'est plus à leurs yeux qu'un rassemblement composé, *pour la plupart, d'ambitieux maudits et de détestables gourmands :* et quand bien même les fonctions publiques seraient généralement confiées par le prince à des hommes plus dignes encore s'il était possible, les cent vingt-quatre fonctionnaires qui, après avoir réuni la voix du peuple à celle du prince, pourraient, comme il arrive aujourd'hui, siéger à la chambre des députés, n'en seraient pas moins de dangereux salariés, indignes d'entrer en lice avec ces incorruptibles écrivains, avec ces citoyens purs, qui, dépourvus d'ambition, ambitionnent uniquement aujourd'hui l'insigne honneur de représenter leurs semblables, et de *réclamer en leur nom les privilèges de l'égalité.*

Cependant la liberté dans leurs écrits a bientôt fait place à la licence, et la licence elle-même aux prophéties les plus menaçantes. Ils rappellent au monarque que, pour en avoir usé dans ce sens qui lui attire leurs sanglans reproches, Jacques II fut, après trois ans, contraint à fuir et son trône et son pays.

Dirai-je encore qu'ingrats aux bontés du maître, ils rejettent ces lis qu'il a daigné leur confier, tandis que sa souveraine sagesse ennoblit, en la portant, leur propre couleur (1)?

Dirai-je que tous leurs vœux sont *pour l'égalité devant la loi, pour la liberté sans licence?* tandis qu'en contradiction avec leurs propres systèmes, et tout fiers de l'assentiment de la majorité *de la totalité de la France,* que chacun cependant pourrait conquérir en flattant comme eux les passions, comme en caressant les ambitions, ils se montrent encore zélés admirateurs de cette loi nouvelle sur les élections, de cette loi si difficile à exécuter dans le présent, plus inexécutable dans l'avenir, et dont le premier résultat est de faire donner, en dépit de l'égalité devant la loi, un mandat tacite à dix électeurs par mille citoyens qu'ils représentent : tous les moyens leur semblent propres à combattre le pouvoir absolu; ils feignent d'ignorer que ce pouvoir a un charme secret auquel on ne saurait résister, que sa source intarissable est dans le cœur même de l'homme, que leur propre cœur en est peut-être plus entaché qu'aucun, et que tous les soins qu'ils prennent, ne tendent qu'à hâter l'approche de son règne.

En effet, soit que l'opposition qu'on recrute aujourd'hui, succombe, soit que les gouvernans auxquels nous

---

(1) Durant les fêtes saturnales, à Rome, les maîtres servaient leurs esclaves : ces fêtes étaient de courte durée.

en sommes redevables, se voient réduits à lui céder la place, nous est-il donc permis d'espérer de part ou d'autre, des hommes qui s'arrêteront respectueusement devant la borne signalée par le bien public?

Comme eux, Rousseau leur maître, en philosophie, sacrifia à la célébrité; mais plus jaloux d'une véritable gloire, il ne consentit jamais à donner à penser qu'il eût si mal pénétré les secrets de la nature : d'après lui, le gouvernement monarchique, institué selon la nature même, à l'instar de l'autorité paternelle, convient seul aux grandes nations : lui-même, trop souvent abusé par les séductions d'une perfectibilité imaginaire, ne se dissimule pas toujours que le gouvernement démocratique exige une vigilance extrême dont l'action est impossible dans les grands états, et sans laquelle ils dégénèrent au gré du cœur humain, dont il contredit les secrets penchans. Il faudrait, ajoute-t-il, pour qu'un semblable système réussît, des hommes-dieux pour commander, un peuple divin pour obéir.

Plus orgueilleux mille fois, les soi-disans démocrates de 1818 semblent désigner le gouvernement populaire, comme le seul qui convient à la France; ils prétendent, empiétant sur les droits de la nature même, faire naître, par miracle sans doute, et tout exprès pour réaliser leurs systèmes, un peuple divin, qu'à l'avance ils admirent complaisamment, qui, sans religion, sans crainte comme sans espoir d'un avenir, mais éclairé sur ses droits et sur ses devoirs, va bientôt faire céder ses passions et ses besoins sous l'empire de la raison, respecter ses supérieurs, aimer ses égaux, et par l'effet d'une souveraine sagesse, chérir l'ordre et les lois instituées sans doute pour des sages. Ils lui préparent eux-mêmes une difficulté de plus à vaincre ; ils exigent qu'à demi éclairé et philosophe profond cependant, il sache démêler le coupable artifice de ces dangereuses insinuations qui tendent à l'égarer, et qu'il comprenne enfin QUE LA NATURE, par une contradiction que le philosophe sincère a bientôt reconnue, EN LUI CONFÉRANT SES DROITS IMPRESCRIPTIBLES, LUI EN A A JAMAIS INTERDIT L'EXERCICE.

Humilions-nous, tous tant que nous sommes ; suivons la ligne tracée ; prions pour le prince, prions pour la patrie. Qui de nous pense donc s'être jamais montré plus grand que Newton, lorsque reconnaissant les bornes de la raison humaine, les limites de cet empire qu'il a lui-même enrichi de ses conquêtes, il se prosterna humblement devant la suprême puissance qui fait tout mouvoir ?

Ce qui imprime essentiellement au siècle ce caractère incontestable de simplicité et de niaiserie, s'il m'est permis de le dire, c'est leur admirable étonnement, ce sont les reproches qu'ils se prodiguent entr'eux, comme aux ministres qu'ils reconnaissent enfin pour de simples hommes. Il les leur faudrait demi-dieux pour que tout allât à souhait ; mais le vrai patriotisme leur manque quelquefois ; *l'inertie* s'admire dans ses succès les plus éphémères. La cupidité, si peu qu'il y en ait, pourrait bien être encore pour quelque chose dans les affaires ; et l'ambition, loin de le céder par le plus noble désintéressement à la prospérité publique, aujourd'hui comme par le passé, ne se montre jamais satisfaite qu'à demi. Ces messieurs les chercheurs de prodiges ne signalent pas encore les nouveaux débarqués qui, réunissant les conditions exigées, pourront enfin à propos faire briller ou bien éclipser le pouvoir au gré de tous. Mais enfin, l'immense majorité en France y compte déjà beaucoup ; et tant l'espèce humaine est faible, que le même charlatanisme, peut bien, subtilement administré, réussir au même âge dix fois sur elle.

Notre expérience n'a donc pas fait assez trembler l'Europe, et n'aura pas su préserver le monde? Trente années d'essais et de misère n'ont pas suffi à éclairer nos maîtres? Essayons, essayons donc encore, si Dieu le permet, et jusqu'à ce que les souverains, ressaisissant d'une main ferme, et par un soin tout paternel, les rênes du pouvoir, rappellent à leurs enfans, et apprennent à leurs sujets que l'ordre immuable ne saurait être transgressé par nos faibles clameurs, et qu'il n'appartient pas au siècle où nous vivons, de faire à lui seul vertu du crime, honneur aux traîtres, et de l'impiété, l'arche sainte !

La meilleure des libertés n'est pas celle qu'on doit rêver éternellement, mais bien celle dont on peut jouir. Le corps le mieux constitué n'est pas exempt d'imperfections, et *l'ordre lui-même,* pour ainsi dire, *à son désordre.* De même chaque gouvernement a ses abus ; mais prétendre à les réformer sans cesse, ce serait substituer sans cesse de nouvelles théories à d'infructueuses expériences ; ce serait s'épuiser en de puériles efforts pour agrandir un cercle que la nature a circonscrit.

Toute la puissance consacrée par la charte doit enfin

ressortir son effet. Les lois répressives, les lois interprétatives, les faveurs du gouvernement, ses ordonnances et nos institutions, doivent venir enfin se coordonner avec la religion, dans un sens éminemment monarchique; et pour sauver la France,

> . . . . » Il faut qu'elle s'unisse
> » En la main d'un bon chef à qui tout obéisse ».

AVERTISSEMENT.

On avouera que M^r. de Lalive s'est assurément montré peu jaloux de la considération publique, lorsqu'avec de la fortune et dans une position évidente, il a consenti, par excès d'avarice, à laisser publier les révélations inouies de Mme. de Lalive d'É..., sa tante, d'après laquelle le public apprend, avec tout le respect que commande une pareille confidence, que M^r. de Lalive d'É..., sur lequel elle semble n'avoir rien voulu laisser ignorer, a souillé jusqu'à sa couche nuptiale par les fruits désastreux de la plus honteuse dissolution; détestables faveurs, que sa malheureuse épouse entraînée, a bientôt propagées elle-même parmi ses amans.

M^r. de Lalive ne s'est pas montré plus digne de la considération, lorsqu'il a laissé divulguer encore, que ce même oncle, de sang froid et pour se soustraire à la tendresse importune de celle qu'il avait choisie et à laquelle il venait de s'unir à la face des autels, a conduit le généreux compagnon de ses débauches, jusqu'auprès du lit conjugal, dans la ferme détermination de faire profaner, en sa présence, les droits de l'hymen.

Mais on a peine à croire que M^r. de Lalive ait porté le mépris de lui-même jusqu'à laisser publier en outre, et d'après la même autorité, non seulement que ceux-ci de la famille étaient des joueurs forcenés et des bohémiens; ceux-là (son oncle et M^r. de Jully son père) des traitans sans délicatesse; mais encore, que Mme. de Lalive de Jully se prostituait avec des chanteurs, entr'autres.

Le public ne saurait être surpris désormais en apprenant que c'est M^r. de Lalive lui seul qui contraint aujourd'hui à publier des faits nouveaux, qui le déshonorent plus directement encore.

L'incroyable indifférence de M^r. de Lalive s'explique facilement, il est vrai, si l'on ajoute, ce que M^r. de la Garenne n'a lui-même appris que tout récemment, que la branche aînée de cette famille n'a pu trouver son salut qu'en faisant prononcer l'interdiction de l'oncle et du cousin de M^r. de Lalive, et que le père lui-même de ce dernier, est mort victime d'une longue aliénation.

M^r. de Lalive, frappé d'une trop juste appréhension, semble être sans doute plus à plaindre encore qu'à blâmer; mais il n'en est pas moins cruel pour MM. de la Garenne, dans la famille desquels il s'est introduit à leur insu, de se trouver les premières victimes d'une chance aussi difficile à prévoir qu'impossible à parer.

Comment méconnaître les tristes prémices de ces désordres en quelque sorte devenus héréditaires à l'égard de M^r. de Lalive, lorsque, sacrifiant tout au desir de satisfaire à une parcimonie qui paraît devenir le type de sa démence, on le voit contribuer à perpétuer la discorde entre la mère et les fils, leur nuire, resserrer ses liens avec ses propres ennemis, jeter enfin aux mains d'un étranger, les droits les plus légitimes de sa nouvelle famille, et prétendre qu'il peut fuir devant elle avec honneur, parce qu'il ose réclamer encore sa gratitude et ses respects.

Si on ajoute que par suite de ces inconséquences, les familles qui l'entourent se trouvent compromises entr'elles et compromises vis-à-vis du public, comment ne pas regretter que les lois destinées à garantir la société des désordres qui sont la suite de l'aliénation, ne puissent l'atteindre avant qu'elle n'ait frappé quelques victimes? (1)

(1) C'est à regret qu'on se détermine à rapporter quelques exemples.

Mais, quoi qu'il en soit, on saura quel est cet Introducteur des Ambassadeurs; quel est ce M^r. de Lalive; on répétera avec Mme. d'É...: « Ah! c'est
» ce M^r. de Lalive qui est excellent; ces papiers
» retrouvés l'assomment (il s'agissait de restituer
» 180,000 fr. à son propre frère). Il n'est pas bien
» décidé, dit-il, que ce soient les véritables. Il
» faudra les examiner de près. Quel homme!... »

secondaires des faiblesses de l'esprit de M. de Lalive, pris au hasard parmi tant d'autres, dans le détail de sa vie privée. C'est en effet une étrange méthode de soutenir son rang dans le monde, un état à la cour, que de ne savoir se déterminer à faire les frais du plus médiocre équipage, que de ne savoir se déterminer à acheter, non plus qu'à souffrir les soins d'un seul serviteur à gages, et de revêtir de tems à autre et tour-à-tour, quelques malheureux journaliers, de la livrée et du riche habit de chasseur, destinés à figurer dans la cour du château, et à faire honneur aux princes étrangers.

S'agenouiller dix fois en un jour devant les autels, de la manière la plus édifiante en apparence, et cependant porter l'inadvertance jusqu'à renvoyer avec une sorte de dédain les indigens au pasteur à qui l'on n'a rien fait passer pour les secourir; porter encore la dureté jusqu'à réduire à la misère un vieux serviteur chargé de famille, depuis 40 ans accoutumé à la maison qu'il est contraint de déserter; ce sont là toutes manières d'agir dont la saine raison se refuse à approuver les contradictions. Elle semblerait encore ne pas s'arranger mieux de voir l'homme de cour, cédant à ses manies, s'introduire avec l'homme du peuple, et partager avec lui, sans façon, et grace à quelques centimes, le siége de la guinguette, le Moka indigène sous l'échoppe, et le rasoir du *saigneur*.

(On pourrait citer les différens cabinets de toilette de M. de Lalive, au nombre de quatre à cinq).

EXPOSÉ DES FAITS.

> S'il était possible que le monde fût indifférent au spectacle de l'un des siens, luttant contre sa mauvaise fortune, il ne saurait oublier que l'opinion publique est pour chacun en particulier l'unique sauve-garde contre les actions que la morale interdit, mais que ne répriment pas les lois.

La volonté la plus droite vient parfois se briser encore contre les inévitables écueils d'un destin jaloux, et tel, qui favorisé du sort, recueille paisiblement le fruit de tous les soins qu'on a pris en sa faveur, va peut-être aujourd'hui cependant me juger sévèrement. Ce n'est pas ainsi qu'en décide le sage; ce n'est pas sur l'heure de l'arrivée qu'il mesure le courage ou le mérite du pilote. Il sait mettre dans la balance les difficultés qu'il a eues à surmonter, les obstacles qu'il a vaincus, les tempêtes qu'il a essuyées. Il lui tient compte de ses efforts, lors même qu'il aurait succombé, et, quoiqu'il advienne, on doit se présenter devant lui avec confiance, si l'on peut lui dire encore : les chances les plus difficiles à parer, les coups de l'inflexible sort ne m'ont point étonné, je crois avoir agi partout ainsi que je le devais; je crois avoir fait, en toute occurrence, tout ce qu'il était humainement possible de faire; ce que vous pouviez exiger de moi ; ce que vous auriez peut-être fait vous-même.

La fortune en a déçu tant d'autres au siècle où nous sommes ; de si illustres infortunes ont étonné le monde, qu'il sied mal à mes pareils, quelque sensibles qu'ils soient à ses rigueurs, de l'accabler de reproches. Mais enfin, puisqu'il faut que je le dise, elle avait paru sourire à ma jeunesse; mon excellent père destinait à ses deux fils les deux charges qu'il avait à la cour. Il avait obtenu de la bienveillance du Roi d'en disposer en leur faveur (1). Il leur destinait encore les deux terres embellies par ses soins. C'était pour eux qu'il avait agrandi son hôtel : enfin il possédait plus de deux millions.

A vingt ans je n'avais plus de père. Quelques placemens viagers étaient l'unique fortune que j'eusse échappée du naufrage. Ceux de mes parens les plus à même de me protéger, venaient de succomber sous la hache révolutionnaire. Les autres étaient errans ou dépouillés, et, pour comble de malheurs, dans cet isolement effrayant, livré à moi-même, j'avais des ennemis, et ma mère était avec eux.

Une famille indirectement alliée à la nôtre, et que depuis quinze ans M. de la Garenne avait recueillie chez lui, avait pris le plus fâcheux ascendant sur l'esprit de Mme. de la Garenne, (aujourd'hui Mme. de Lalive).

Long-tems détenu lui-même comme suspect, et malgré ses infirmités, il avait dédaigné de profiter des lois révolutionnaires qui lui auraient permis de se libérer trop facilement des

(1) « Archives du royaume, année 1786, grand-maître de France, salut, etc. etc. Le Roi a dit : « Nous avons d'autant plus volontiers agréé le sieur C. C. A. Taille-
» pied de la Garenne, secrétaire des commandemens de notre très-cher et très-
» aimé frère Louis-Stanislas-Xavier (Monsieur), que nous sommes bien informés
» de son zèle et de son affection pour notre service. A ces causes, avons ledit sieur
» Taillepied de la Garenne retenu par ces présentes, le retenons, etc. etc. Signé
» de notre main. (*Extrait du Testament de M. de la Garenne père*).
» Je veux et j'entends que ma volonté soit exécutée en tout : ainsi je veux ex-
» pressément que mon fils Amédée me succède dans ma place et charge d'intro-
» ducteur des ambassadeurs ». Suivent les considérations qui ont déterminé cette décision, la désignation du lot réservé à mon aîné, et la signature Taillepied de la Garenne.

engagemens, que le malheur des tems et la perte de ses charges l'avaient forcé de contracter, pour combler le déficit qui en était survenu dans sa fortune. Ce procédé délicat fut méconnu par ceux qui en avaient été l'objet, et telle était à cette époque la rareté du numéraire, et la dépréciation des immeubles, qu'un bien acquis 600,000 fr. suffisait à peine à opérer un remboursement de 80,000 fr.

Je ne prétends pas approfondir si une conduite aussi étrange de la part des personnes qui devaient en quelque sorte leurs créances à sa délicatesse, n'était pas le résultat de perfides instigations. Néanmoins, ce fut bientôt au nom de sa tendresse pour sa famille, comme au nom de son respect scrupuleux pour ses engagemens, qu'on obtint de mon père qu'il confiât à Mme. de la Garenne, en se séparant d'elle, pour 1,490,000 fr. d'immeubles facilement absorbés alors par le montant de la dot qu'il avait à lui restituer; ce dépôt sacré fut bientôt dissipé. Des ventes inutiles et intempestives le réduisirent à 594,000, et tandis que, selon le prix des acquisitions primitives, il devrait rester aujourd'hui, toutes dettes payées, 1,410,000 fr., tandis que, selon la valeur actuelle des mêmes objets, il devait au moins rester dans la même hypothèse un million cent dix mille fr., 25,000 fr. de fonds sont à peine restés en la possession de Mme. de Lalive.

Mais combien je me trouverais heureux de n'avoir que cette perte à regretter! Les rigueurs de la fortune ne sont pas les plus cruelles qui m'étaient réservées.

Ce fut incessamment au nom de la mère, qu'on contraignit le père à quitter ses pénates. Réduit à faire prononcer son divorce, privé lui-même des soins que l'habitude de la fortune lui rendaient si nécessaires, il lui fallut mourir trop justement inquiet sur le sort de ses fils.

On conçoit déjà combien la ligne droite est devenue pour

moi difficile à suivre; combien elle s'est hérissée d'obstacles et de difficultés; combien il était probable que je m'en écarterais en cédant à une trop dangereuse pente, et s'il était possible, pour ainsi dire, qu'elle devînt ascendante, ma ruine est devenue pour eux une affreuse nécessité, ma *déconsidération* une coupable passion, et depuis alors jusqu'à ce jour, ma vie n'a plus été qu'une trop longue résistance à la plus cruelle persécution.

Depuis cet abandon si dangereux, dans l'âge des passions et sous le règne de l'immoralité, si bien fait pour désarmer la sévérité du juge le moins indulgent, plus de vingt ans se sont écoulés; et telle peut être la maligne influence des circonstances sur l'homme qu'un mauvais destin poursuit, que ces questions : que dois-je faire ? Que peut-on exiger de moi ? se sont peut-être plus de mille fois reproduites sous différens aspects, comme aujourd'hui même, sans me présenter aucune solution satisfaisante.

Accomplir strictement le devoir que l'honneur m'imposait envers les chefs de cette famille à laquelle je devais mes disgraces; garder sur le reste un profond silence, quelques fussent les avantages que me présentât l'exécution des dernières volontés de mon père; ne l'interrompre jamais qu'avec discrétion et selon la mesure que m'imposait la nécessité de neutraliser de perfides insinuations qui compromettraient ma réputation ; telles ont été les bases de ma conduite privée, que des incidens trop multipliés n'ont jamais ébranlées. Sous le rapport public je voudrais encore pouvoir me taire, mais puisque je suis dans la nécessité de justifier de toutes les situations de ma vie, qu'il me soit permis d'extraire le passage suivant de l'une des premières lettres que j'ai adressées à mon beau-père.

« Oui, sans doute, je suis indigne de protection et de graces

» même, mais seulement aux yeux de mes ennemis, qui vous
» ont isolé au milieu d'eux.

» Sans me parer d'une vertu aussi estimable que rare, et
» que je ne prétends pas m'approprier, j'avouerai que je ne
» dois peut-être qu'à l'étonnement dont me frappe la déplo-
» rable fin d'un prince descendant de nos rois, l'avantage
» d'avoir renoncé, sans hésiter, aux plus belles espérances, aux
» promesses les plus solemnelles à l'instant de leur accom-
» plissement.

» Mais enfin, j'ai ainsi donné de nouvelles armes pour me
» priver de tout avancement, et je le sais sans m'en repentir,
» l'honneur ne laisse jamais de regrets.

» Depuis, successivement appelé à diverses commissions
» administratives, centrales ou de quelque importance, à présider
» des assemblées cantonnales, toujours au-dessus du niveau,
» toujours d'accord avec les hommes les plus marquans de ma
» province, je me suis vu réuni d'opinion avec eux, soit pour
» faire ressortir le véritable esprit de la loi, soit pour distinguer
» l'innocence d'avec le crime.

» J'ai réussi quelquefois même à porter l'abondance où était
» la disette, la consolation où étaient les larmes; j'ai ramené
» mené, aux dépens de mon propre bien, l'ordre dans un
» arrondissement où était le pillage avec la guerre; et, puis-
» qu'il faut le dire, les moyens dont la nature m'a fait déposi-
» taire, et que mes ennemis parviendront difficilement à neu-
» traliser entièrement, ont été employés à servir à-la-fois le
» prince, la patrie et mes concitoyens.

» Ainsi concentré dans une sphère trop étroite, dans une
» position mal assortie, dont on gardait soigneusement les
» avenues; si souvent repoussé par mes ennemis, lorsque de
» nobles élans me laissaient entrevoir en moi-même quelque
» puissance de servir plus utilement et l'état et mon nom, j'ai

» été réduit à étendre de toutes mes capacités, cette faculté de
» bien faire, source inépuisable de bonheur il est vrai, et dont
» le domaine semble s'étendre en proportion des besoins de
» l'âme. La récompense a suivi l'œuvre de près. Bientôt à la
» ville, bientôt à la campagne, les honnêtes gens sont devenus
» mes amis, les méchans se sont élevés, se sont agités contre
» moi ».

Tandis qu'à peine échappé d'une position plus difficile que je ne la puis décrire, je commençais à défendre avec quelqu'avantage le terrein sur lequel j'étais parvenu à me replacer. Le sort me préparait des chances plus accablantes que jamais, et, durant les quatre dernières années qui viennent de s'écouler, ses rigueurs ont débordé la mesure.

Ce n'était pas assez qu'en 1814, cédant au devoir public, j'eusse abandonné, pour la retrouver saccagée de fond en comble, une habitation dans laquelle mes soins avaient enfin réuni les moyens d'exister noblement, il fallait que je fusse encore frappé jusques dans mes plus tendres affections, et que 1815 reproduisit contre moi, sous l'un et sous l'autre rapport, de plus affreux désastres. Enfin, multipliant ses caprices, il est aujourd'hui parvenu à mettre en opposition ma délicatesse avec ma délicatesse, mon honneur avec mon honneur; et, du milieu des écueils qui m'environnent de toutes parts, il faut que je sache m'élever dignement ou bien il faut que je succombe.

Le retour de la légitimité a été le premier instant de ma vie où mes intérêts se sont trouvés d'accord avec ceux du prince et de la patrie. Les apparences étaient en ma faveur; je pouvais me permettre d'espérer que lorsque l'héritier du trône, autrefois si bienveillant pour mes parens, se retrouvait à la tête de la nation, sa bonté daignerait me replacer au poste que mon père avait dignement occupé. En effet, bien avant son entrée dans la capitale, j'avais déjà offert mes vœux à Sa

Majesté ; elle avait bien voulu permettre que je lui fusse présenté, et bientôt ce fut en présence de toute la cour, que je reçus avec reconnaissance la certitude qu'elle daignait agréer mes services.

Pour voir s'évanouir de si justes espérances, il fallait que M. de Lalive, qui seul avait quelques droits légitimes à devenir mon collègue, fut devenu mon beau-père, eût épousé la querelle de mes ennemis, se trouvât au milieu d'eux ; qu'il fût entouré de son côté d'une famille beaucoup trop puissante par ses alliances avec plusieurs ministres ; qu'il fût capable, en dépit de la morale et des convenances, de solliciter la réunion des deux charges d'Introducteurs en sa faveur, et enfin de tout demander, voyant qu'il pouvait tout obtenir. Toutes ces chances se réalisèrent. Je n'eus plus dès lors qu'à réclamer contre l'injustice la plus imprévue, et ma délicatesse se trouva nécessairement compromise, soit en gardant le silence, soit en divulguant les procédés de mon beau-père.

Que devais-je faire, et que pouvait-on exiger de moi ? Quelques voix puissantes s'élevèrent en ma faveur. Quelques-uns des ministres reconnurent la légitimité de mes réclamations, les autres ne la méconnurent jamais. Une juste plainte n'est pas toujours accueillie, mais il est rare qu'on se décide à la repousser définitivement.

Me réduire à solliciter une faveur du prince, (le titre honoraire de la place par exemple), qui suffit à attester que je conservais quelques droits à sa bienveillance, me livrer à l'espoir que le premier ministre s'était plu à me faire concevoir que quelqu'avantage pécuniaire viendrait accompagner cette faveur ; tels furent les moyens mixtes que me suggéra ma délicatesse.

Cependant le tems s'était écoulé. Les évènemens qui avaient suspendu mes réclamations m'avaient déjà permis d'en reprendre le cours, lorsque j'acquis, avec indignation je l'avoue, la certitude que mon beau-père avait assez fait mépris de mes droits et de ses devoirs, pour oser lui-même présenter un étranger à ma place, et lui faire obtenir à-la-fois d'être son adjoint avec 5,000 fr. d'émolumens, prélevés sur ceux de la place, et d'être son survivant dans ses fonctions. Convaincu déjà que M. de Lalive se liguait de plus en plus avec mes ennemis, et qu'il empruntait leurs calomnies pour servir de prétexte à sa conduite ; je reconnus qu'il m'avait placé entre mon honneur et mon honneur, et qu'il fallait ou déshonorer à jamais ma postérité, ou compromettre enfin quelques chefs de ma famille. Que faire encore dans une si étrange position ? Plus elle me parut difficile, plus je m'armai de courage. Je cherchai à ébranler M. de Lalive par son jugement, en lui prouvant que, s'il était loyal, la vérité devait le ramener à la justice, et que, s'il ne l'était pas, la vérité publiée allait le déshonorer.

Une première lettre en forme de mémoire lui rappela ce qu'il était loin d'ignorer ; elle fut suivie de plusieurs autres sur le même sujet. J'eus avec lui diverses entrevues, et je pris encore le soin d'essayer de le ramener par les avis des personnes auxquelles il devait quelque déférence, tant j'étais éloigné de croire à une cécité morale aussi complète. Tout fut imprimé dans le dessein de l'intimider. Rien ne l'intimida. Des lettres où la mauvaise foi et l'hypocrisie éclataient de toutes parts ; des réponses verbales non moins équivoques, et un manuscrit conçu dans le même sens, et qu'il a eu l'inconvenance de mettre sous les yeux du Roi. Tels ont été les étonnans résultats de mes démarches et de ma modération.

M. de Lalive a voulu me vaincre par sa résistance opiniâtre, il m'a vaincu, je l'avoue. Les armes ont cessé d'être égales entre nous ; quelque juste que soit mon attaque, quelque facile qu'il me soit devenu de la soutenir de la manière la plus accablante pour mes ennemis, j'y dois renoncer, s'il faut consentir à blesser les convenances. Les intérêts de M. de Lalive sont assurés par mon respect pour mes devoirs. Il peut rester inébranlable dans son injustice, parce que je suis inébranlable dans mes principes. Mais de tels avantages sont peu dignes d'envie s'ils lui ont coûté l'honneur, si sa coupable résistance l'a réduit à fouler aux pieds tous les sentimens, et si, en s'efforçant à me frapper, il s'est lui-même anéanti.

Pour cette fois, au moins, ce *que je dois faire* parait tracé. C'est sa conduite que je dois accuser hautement si je veux justifier hautement la mienne. Il ne s'agit plus pour moi que de dire comment les soins que j'ai pris pour le convaincre m'ont appris qu'il était dépourvu de jugement, et comment les renseignemens que toutes ces choses m'ont conduit à me procurer sur lui, m'ont convaincu, mais trop tard, que le sort se jouant de tous mes calculs comme de mes volontés les plus droites, m'avait réservé un insensé pour adversaire.

On discernera facilement dans le cours de ce recueil l'époque à laquelle j'ai eu connaissance des détails relatés dans le précédent avertissement, sur les faiblesses d'esprit de M. de Lalive, et j'espère qu'en se mettant un instant à ma place, on n'aura aucuns reproches à m'adresser, si l'on retrouve des traces du contenu des trois premières lettres que je ne fais pas connaître. On verra ma conduite se redressant sans cesse vers une fin loyale, malgré les écarts de mon beau-père ; mais qu'autrement j'aurais belle à lui adresser ces vers que Lafontaine semble avoir conçus à son intention !

« Mère écrevisse, un jour, à sa fille disait :
» Comme tu vas, bon dieu ! ne peux-tu marcher droit ?
» Hé ! comme vous allez vous-même, dit la fille !
» Puis-je autrement marcher que ne fait ma famille ?
» Veut-on que j'aille droit, quand on y va tortu ?

QUATRIÈME LETTRE

EN RÉPONSE

AUX DIFFÉRENTES OBJECTIONS PRODUITES PAR M. DE LALIVE, PAR ÉCRIT ET DE VIVE VOIX, EN DIVERSES ENTREVUES.

9 Avril 1818.

J'ai démontré sans réplique à M^r. de Lalive, qu'il avait à remplir nécessairement envers moi, les devoirs de père ou bien ceux d'ennemi, et qu'entre ces deux extrêmes il n'y avait pas de milieu dans sa position. Je l'ai convaincu que, protéger de son influence, c'était servir et se montrer parent, tandis que nuire et même abandonner sans examen, c'était calomnier et se déclarer ennemi.

M^r. de Lalive ne m'a pas même informé de son mariage. Quatre ou cinq de ses parens ou alliés ont successivement occupé les différens ministères depuis dix ans ; non-seulement il ne m'a pas servi; mais il n'a pas même eu la plus légère relation avec moi.

Les ennemis de mon père et ceux de ma famille, sont devenus ses intimes. Ce sont eux qui m'attaquent sourdement, qui proclament lâchement et sans oser agir, qu'ils en veulent à ma vie; et ce sont eux *qu'il estime, qu'il prend à témoin de sa conduite envers moi, et qu'il prétend recevoir et servir,* m'écrit-il.

Ainsi, tout à-la-fois calomniateur indirect et ennemi inconsidéré, il m'écrit encore aujourd'hui *qu'il n'a jamais osé approfondir ses motifs d'éloignement à mon égard.*

Mais plus directement encore, c'est sur ce qui nous touche l'un et l'autre individuellement, que Mr. de Lalive laisse agir son inimitié d'une manière plus évidente, mais aussi plus décisive. Ainsi étayé, ainsi entouré, il n'a pas rougi d'accepter non plus que de solliciter la réunion des deux semestres de la charge d'Introducteur des Ambassadeurs, la réunion de deux faveurs à l'une desquelles il n'ignorait pas que je pouvais prétendre par ma conduite, par la justice du Roi, par les bontés de ce Prince pour mon père, qui m'avait légué cette charge.

Sa délicatesse en cela ne s'est pas trouvée blessée, et sa facile méthode de ne pas approfondir, lui a fait oublier que son père a reçu de Mr. de Tolozan, le prix de la charge entière; que son oncle a reçu 3 ou 400,000 fr. de mon père, pour la moitié de cette même charge; que ce dernier a même garanti à mon père, et par acte notarié, un brevet de retenue de 100,000 fr.; que la fortune de sa famille et la sienne, en conséquence, ont ainsi trouvé leur salut; tandis que la perte la plus notable, s'est opérée à mon détriment.

Le ministre lui a laissé, m'écrit-il, *le choix d'un adjoint et d'un survivancier; et,* il ajoute, *que c'est un étranger* (Mr. de Rémuzat) *qu'il a choisi et auquel il a même cédé le quart des émolumens attachés à la charge.*

Sa main bienfaisante m'a soustrait l'indemnité, dont la plus simple morale lui faisait un devoir de disposer en ma faveur.

Le desir de servir le prince, le regret, trop sensible, de me voir, depuis quatre ans, éloigné de mon poste par de sourdes intrigues, et malgré que la volonté royale eût daigné se montrer favorable, m'ont fait solliciter les ministres qui, tout en reconnaissant l'éminente justice de mes réclamations, ne m'ont pas dissimulé la difficulté qu'il y avait à revenir sur les résultats obtenus par mon adversaire. J'ai dû reconnaître ailleurs, la répugnance qu'on éprouvait à se rendre désagréable à sa famille, à lui-même ou bien à ceux d'entre les ministres dont il est l'allié. (1) J'ai reconnu partout les traces de tant de calomnies, si faciles à dévoiler, mais impunément répandues, pour entraver mes démarches, et qu'il était tems enfin, après un long silence, de franchir les bornes d'un aveugle respect, trop favorable à

---

(1) Mr. de ..., Mr. le duc de ..., Mr. le baron ... et Mr. le comte ..., tout-à-fait étrangers, pour la plupart, à l'objet de mes reproches, et que mon beau-père a certainement laissés dans l'erreur, sur sa véritable position vis-à-vis de moi, seront, je suis persuadé, fort peu empressés désormais, d'avouer Mr. de Lalive; et j'ose espérer qu'ils sauront quelque gré à ma délicatesse, de l'hommage que je rends à leur considération si bien méritée, en m'interdisant de les nommer.

Mr. de Lalive, trop désastreux pour l'intérêt de ma famille, et qui attentait à mon honneur.

Le blâme en est à Mr. de Lalive, aussi bien qu'à mes ennemis dont il est entouré, si j'ai dû l'éclairer confidentiellement en premier lieu, sur la véritable source de toutes les iniquités dont il se rend coupable à mon égard.

Ce n'est qu'après avoir reçu, de la main de Mr. de Lalive lui-même, et sans plus ample information, les refus réitérés, les plus décisifs comme les moins fondés, accompagnés des insultes les plus provoquantes, auxquelles je n'ai répondu que par de solides raisonnemens, et dans les termes les plus mesurés; ce n'est qu'après être revenu de mon erreur, sur la mesure de délicatesse que je voulais encore lui supposer; ce n'est enfin qu'après avoir réduit son aveuglement à s'avouer le fruit de la passion, de la cupidité et de l'irréflexion, que j'ai réclamé sévèrement de Mr. de Lalive, ou les devoirs d'un beau-père, ou bien ceux d'un ennemi.

Toutefois, applanissant encore les difficultés qu'il pouvait prévoir à réparer en partie, à titre de beau-père, les torts irréparables qu'il avait faits à mon honneur et à ma famille, je l'ai réduit à déceler toute son iniquité, en modifiant moi-même, et au-delà de toute vraisemblance, le but de mes réclamations, à lui seul relatives, en déployant devant lui, les moyens les plus simples, d'atteindre facilement ce même but.

En effet, j'ai représenté à Mr. de Lalive, que lui-même et Mr. de Rémuzat, en se réunissant à moi, ne solliciteraient pas en vain de la justice et des bontés de Sa Majesté, que je fusse agréé par Elle, à la moitié de la survivance à la place d'introducteur. J'ai ajouté que le quart des émolumens pourrait m'être attribué jusqu'à cette époque; que ce modique sacrifice serait facile à supporter, moitié par M^r. de Rémuzat, et l'autre moitié par M^r. de Lalive lui-même; et qu'enfin ces légères faveurs, si faciles même à obtenir du ministère, suffisaient pour me satisfaire, et cicatriser les profondes blessures de mon amour-propre. J'ai vainement représenté à mon beau-père, qu'à son égard cette réparation devenait d'autant plus rigoureusement exigible, qu'elle était réclamée par l'honneur et restreinte par la raison; et que j'étais convaincu, à l'égard de M^r. de Rémuzat, que ses sentimens le porteraient d'autant plus facilement à se prêter à cet arrangement, qu'on n'ignore pas que les familles élevées avec la légitimité, et jalouses de succéder aux évènemens, ne se chargent pas volontiers, elles et leurs descendans, d'endurer les reproches que pourraient leur adresser les familles qui auraient à se plaindre de leur peu de délicatesse.

Le refus formel que m'a fait M^r. de Lalive, de solliciter la survivance même de M^r. de Rémuzat en ma faveur (avis que j'avais ouvert en dernier lieu, dans l'intention de le démasquer entièrement), s'est basé ainsi qu'il suit; et il faut en être révolté d'indignation, ou bien en sourire de mépris et de pitié. Il est vrai que je vous ai fait tort, m'a-t-il dit, en disposant en faveur de M^r. de Rémusat; mais je ne vous ai pas fait plus de tort en cela, qu'en acceptant moi-même la réunion des deux charges, parce que mes droits antérieurs n'ont été pris en aucune considération; que la faveur du Roi est individuelle, et non point héréditaire, et qu'elle est même révocable à sa volonté, tant à mon égard qu'à l'égard de M^r. de Rémuzat. Je ne saurais faire cependant ce que vous exigez de moi, parce que ce serait faire tort à M^r. de Rémuzat ou bien à ses enfans !!! (1)

Ces naïvetés, assez peu ingénieuses, ressemblent, à s'y méprendre, aux moyens efficaces à l'aide desquels les subalternes usurpateurs de 1793, s'emparaient de notre bien, après avoir compromis notre honneur et notre vie, et l'on ne doutera pas que quelque méchant esprit ait tout-à-coup pris possession, si j'ajoute que mon beau-père, dans sa lettre du 17 mars dernier, non content de vanter *la sainteté de ses principes, et sa ferveur brûlante durant la sainte semaine*, me menaçait *encore des remords et du repentir, du jugement dernier, et d'une éternité infernale :* tandis qu'aujourd'hui, il ne se fait plus le moindre scrupule d'étouffer le cri de sa conscience, de se montrer sans pudeur par ce dernier refus. Il prétend, après s'être soustrait aux devoirs de la parenté dont il se joue, en abuser encore pour se soustraire par un refus plus déshonorant, qu'il ne craint pas de m'adresser à l'avance, au devoir de l'homme d'honneur.

---

(1) Je crois me rappeler que c'est Bossuet qui, dans son histoire des variations, a émis la pensée suivante : « toute erreur a un côté contradictoire ; mais l'homme » qui la défend, ou par pure ignorance, ou par volonté, cherche toujours à s'y » dérober par des subtilités plus ou moins ingénieuses, et, à force de s'entêter et » de s'étourdir en la défendant, il parvient à considérer la contradiction même, » comme une pure vérité ».

Oui, c'en était trop, et Dieu me garde de le nier ! J'en ai appelé, comme Mr. de Lalive me l'écrit, *à la décoration qui lui est confiée*, et qui retrace tous les devoirs à la fois ; et, puisque M. de Lalive croit pouvoir *en appeler lui-même à l'association entière des chevaliers de Saint-Louis*, quels que soient les regrets affreux que j'éprouverais jusqu'à mon dernier soupir, si ces chefs ou faits d'honneur allaient m'accuser de déloyauté ; quelles que soient les relations de Mr. de Lalive avec l'association et la position éminente où son peu de délicatesse l'a placé ; quelles que soient les traces plus ou moins profondes de tant d'insinuations nuisibles dont j'ai dû supporter le poids dans le silence, j'ai trop de confiance en l'honorable motif qui a guidé ma conduite, trop de respect pour le tribunal arbitral qui serait composé de six de ces Messieurs, désignés ou plutôt choisis par chacun de nous, pour ne pas me trouver heureux d'accepter l'appel que Mr. de Lalive fait devant eux.

JE SOMME DONC MON BEAU-PÈRE, OU JE DÉFIE Mr. DE LALIVE D'ACCOMPLIR LA NOUVELLE MENACE DONT IL PRÉTEND M'EFFRAYER, ET DONT LUI SEUL DOIT REDOUTER L'EFFET.

« J'ai écrit à Mr. de Lalive que prétendre qu'une seule et
» même charge exercée par Mr. de Tolozan et par Mr. de la Ga-
» renne père, qui devait être exercée par Mr. de la Garenne fils
» et par Mr. de Lalive, pouvait être supprimée pour l'un, contre
» toute évidence, et conservée pour l'autre ; c'était prétendre,
» chose impossible, qu'un seul et même bien d'émigré, château
» ou chaumière, pouvait être non vendu à l'égard de celui au-

» quel on se plaît à le rendre en entier, aliéné sans réserve,
» supprimé ou *disparu* à l'égard de celui qu'on se plaît à en
» dépouiller.

» J'ai écrit à M^r. de Lalive qu'on dirait vainement que le
» choix du Monarque était libre, et tous droits antérieurs
» anéantis ; qu'on n'oserait pas sans doute méconnaître de la
» sorte la suprême justice du Prince qui nous gouverne ; que le
» choix que le Roi a daigné faire de M^r. de Lalive lui-même,
» suffit pour démentir cette assertion, qui d'ailleurs ne saurait
» être soutenue sans attaquer jusqu'à sa probité même.

» J'ai ajouté que la révolution avait sans doute tout anéanti,
» et que j'en ai des preuves plus amères qu'aucun ; mais que
» l'équité du Prince se plaît à réparer des spoliations si loin
» de son cœur, à reconnaître dans nos pertes, dans nos sa-
» crifices, des titres à ses nouvelles faveurs, qui deviennent
» en quelque sorte la quintessence de nos droits antérieurs, l'abri
» que sa main bienfaisante daigne nous présenter, et nous
» assurer après le naufrage.

» Mais, le Prince en eût-il usé autrement, ai-je encore ajouté,
» quelle que soit la main adroite ou puissante qui nous l'offre,
» le bien d'autrui ne saurait être retenu sans offense ; et c'est
» mon bien, que mon honneur, que l'intérêt de ma famille,
» doivent recouvrer aujourd'hui.

» D'ailleurs, la volonté du Roi, lui ai-je dit enfin, s'est ma-
» nifestée dans ce sens ; elle contredit la mesure toute inique et
» arbitraire que je repousse. Sa Majesté a daigné admettre dans

» la nouvelle composition de sa maison, non seulement les
» titulaires des anciennes charges, mais encore leurs fils, leurs
« neveux, leurs gendres même, et leurs survivanciers à leur
» défaut ».

L'unique réponse réitérée de M^r. de Lalive se réduit à me citer *des exemples* assez rares *de titulaires non rappelés par le Roi, et qui,* selon lui, *n'ont pas imaginé de réclamer.*

Ainsi, sans considérer que chacun de ces Messieurs a reçu de la bonté du Prince quelques marques de bienveillance, quelques titres ou quelques faveurs étrangères à ses droits antérieurs, M. de Lalive oublie que c'est lui-même qu'on a laissé libre de disposer à son choix, que c'est lui seul qui m'a spolié; et son unique ressource, pour excuser sa propre iniquité, est d'accuser à tort, et de méconnaître la sagesse du monarque et sa suprême équité, qui l'ont lui-même comblé de faveurs.

Parce que j'ai quarante ans, que M^r. de Lalive en a cinquante; parce qu'il m'apprend qu'il a épousé Mme. M.... qui en a soixante, et qui est divorcée d'avec M^r. de la G..... (1); fort de cette politesse un peu tardive après neuf ans de mariage, si évidemment dictée par un excès de prudence, et cependant entourée des impertinences les plus grossières, M de Lalive réclame de moi la contemplation respectueuse, et prétend me

---

(1) Le divorce qui était primitivement la sauve-garde du bien des émigrés, n'était devenu plus tard qu'un moyen de ruiner les familles, tandis qu'en dernier lieu les lois étaient parvenues à en faire le plus sûr moyen de conserver le bien aux enfans, auxquels ces mêmes lois en assuraient la majeure partie.

réduire à admirer celui qui, laissant sa morale au pied des autels, porte les venins de l'intrigue à la Cour, et l'esprit d'un aveugle intérêt à la ville.

Je vais nuancer dans un instant la demi-teinte de respect que je consens à lui rendre; mais l'erreur de Mr. de Lalive est étrange, s'il pense que MM. les Titulaires non rappelés, et auxquels je demande pardon de les supposer dans une aussi désagréable position, se seraient renfermés dans un humble silence vis-à-vis d'un collègue ou bien d'un tel parent, qui les eût éloignés de leur poste, s'en fût emparé lui-même, et eût poussé l'outrage jusqu'à en disposer dans l'avenir.

Que Mr. de Lalive sache bien que ma seule excuse, malheureusement trop fondée, est dans ma position à l'égard de mes persécuteurs, que les cris de ma conscience et les ménagemens dus à l'opinion, ne me permettaient d'accuser qu'à la dernière extrémité.

Au reste, M. de la Garenne croyait avoir suffisamment prouvé à Mr. de Lalive qu'il était bien décidé à mesurer ses expressions sur l'emportement de celles de son beau-père. Puisque M. de Lalive en doute encore, Mr. de la Garenne va lui en donner une nouvelle preuve par un syllogisme approprié. Mr. de Lalive juge sans examen, sans réflexion et sans vouloir approfondir; il agit en conséquence, et se déclare même irrévocablement fixé à cette méthode aussi facile qu'avantageuse.

Cependant Mr. de Lalive traite à sa guise ceci de *mensonges*, cela de *suppositions* et de *calomnies*: donc Mr. de Lalive ment, suppose et calomnie. (Personne n'ignore la valeur d'un démenti, et c'est ici que l'on doit reconnaître encore une preuve de ma modération exemplaire, et la nuance délicate de mon respect pour M^r. de Lalive).

Si par exemple, et voulant débuter par pallier les torts de mon beau-père envers moi, j'essaie de les lui présenter comme des erreurs involontaires, comme le fruit des insinuations perpétuelles auxquelles il s'est livré ; si je lui décèle que ce M^r. R...... chez lequel il loge, est le détestable auteur de tous les maux de ma famille; que le moindre de ses torts est d'être resté au milieu de nous, malgré mon père, malgré nous-mêmes, et sans égard pour toutes les lois de la délicatesse, de la reconnaissance et du point d'honneur ; que c'est à lui-même ou à ses conseils intéressés, qu'il faut attribuer l'éloignement de Mme. de Lalive pour ses enfans et pour leur père, et tous les procédés sur lesquels les vingt-huit pages que j'ai adressées à M^r. de Lalive, doivent laisser peu de doutes, cela suffit pour que, sans le moindre examen, M^r. de Lalive m'écrive *qu'il l'aime, qu'il l'estime;* pour qu'il s'abaisse jusqu'à *le prendre à témoin de sa conduite envers moi.*

Il repousse de l'œil et du geste les preuves que je lui présente, et ne rougit pas d'avouer que les preuves, quelles qu'elles soient, seraient vaines à son égard ; que sa conscience veut juger et non pas être éclairée ; qu'il lui suffit que le public en ignore, ou bien même qu'il en puisse douter.

Si je lui démontre que 12 ou 1,400,000 francs confiés à madame de Lalive, se sont évanouis de ses mains, au détriment de sa famille, il m'écrit que je *calomnie*, et c'est lui seul qui mérite ce reproche, en ajoutant qu'il a *la certitude que madame de Lalive s'est sacrifiée pour payer les dettes de son premier mari et de ses deux enfans, et que la ruine de sa fortune est la suite de ce sacrifice.*

Si les preuves légales forcent malgré lui sa conviction, la seule réparation qu'il pense me devoir, est l'admiration fixe et béate à laquelle il se déclare nonobstant déterminé, pour ceux qui l'ont entraîné à me causer tant de mal.

Son admiration va plus loin encore, ou plutôt sa haine (entre toutes les passions sans contredit la plus irréfléchie), l'entraîne à prendre le singulier soin de m'instruire que c'est ce Préfet si honteusement destitué, déjà convaincu de lâcheté, si facile à convaincre d'usure, que c'est M^r. R...... fils, qu'on a vu signer de ses titres, son mépris pour la noblesse; et nouveau juge de nos rois, proclamant son mépris pour eux, *qu'il couvre de son estime, qu'il prétend recevoir et servir, qu'il trouverait affreux d'abandonner.*

Il semblerait que mon scrupuleux beau-père voulût m'épargner jusqu'au moindre regret de n'être pas l'objet de sa judicieuse protection; qu'il eût voulu m'adresser l'assurance, que je pouvais me glorifier même d'être l'objet de son abandon, comme celui de sa haine.

M^r. de Lalive, qui m'accuse sans cesse de calomnier, ne connaît pas encore ma façon de calomnier, et il faut cependant bien que je lui en donne un exemple qui, je le prie de le remarquer, ne peut plus tirer à conséquence entre nous, malgré que les apparences s'y trouvent supérieurement ménagées. Ainsi, je lui dirai : à quel titre vous croyez-vous digne de paraître l'un des premiers, dans une association dont vous n'avez pas même le droit d'être membre ? On n'ignore pas l'ironie avec laquelle Mr. de V..., votre beau-frère, s'exprimait sur votre remarquable début, ou plutôt sur votre essai militaire auprès de lui. Vous m'écrivez vous même, que vous avez quitté le service en 1788, pour entrer dans la maison civile du Roi. On ignore que vous soyez émigré. Quels sont donc vos actions d'éclat et vos signalés services ? dans quelle mission importante, dans quelle admirable position a-t-on vu Mr. de Lalive se rendre digne de la croix dont il se pare ? ne lui rappelle-t-elle donc que les suppositions auxquelles il la doit, et n'est-elle placée sur son cœur que pour couvrir les iniquités dont il se charge, et pour le soustraire à tous les devoirs qu'elle impose ?

J'en ai trop dit, et cependant combien n'en aurais-je pas à dire encore ! Toutes les chances prévues dans mon premier écrit, et qui alors n'étaient qu'hypothétiques, se sont malheureusement réalisées à la honte de Mr. de Lalive. Je m'exprimais ainsi :

« Sans avoir recours envers tout autre, à de si longs ména-
» gemens, la religion, la légitimité, l'honneur lui-même et les
» lois m'auraient simultanément prêté leur aide ; et le ridicule

» démasquant l'hypocrisie, serait devenu une arme terrible
» entre mes mains.

» En effet, me serais-je abusé sur le peu de probabilité de
» rencontrer, au milieu des bassesses du siècle, un homme
» au-dessus du vulgaire, et disposé à se soumettre au cri de la
» délicatesse et de l'honneur, malgré les murmures de l'intérêt
» et de l'amour-propre?

» Où est celui, aux mains duquel des chances favorables
» auront mis la fortune d'autrui, et qui ne craindra pas de
» s'avilir en cherchant à se dissimuler l'erreur qu'il commet en
» la retenant?

» Où est celui qui, à votre place, ne tenterait pas d'appuyer
» victorieusement quelqu'adroite supposition, de tout le crédit
» de sa famille, et qui, connaissant le monde, n'espérerait pas
» de trouver dans le succès le plus honteux même, l'oubli d'une
» faute si douce?

« Tel est cependant l'homme que j'ai encore espéré de trouver
» en vous, Monsieur. C'est-là, ce me semble, un assez noble
» témoignage de l'opinion que j'en ai conservée, pour faire
» excuser, s'il est nécessaire, ce qui a pu se glisser ici de désa-
» gréable malgré moi ».

Il ne me reste donc aujourd'hui qu'à dire à Mr. de Lalive ou
bien à mon beau-père : l'opinion publique que je saurai invoquer à propos, aura bientôt fait justice de vous; et vous regret-
terez incessamment les ménagemens méconnus du prudent adversaire que vous avez provoqué. D'ailleurs, le tems fuit sans

doute; mais l'*éternité* demeure, et les *vengeances célestes* dont vous vous croyez mission de m'épouvanter, ne sont-elles donc, selon vous, réservées qu'à moi seul?

Quoique vous fassiez, d'autant plus coupable que vous étiez prémuni, pensez-vous en être exempt? Vous vous êtes joué *des choses saintes* que je sais respecter, croyez-moi, tout autrement que vous. Vous vous êtes joué du *nom* sacré de Dieu et du *jugement dernier*.

Victime ainsi désignée, j'ose en appeler dans une humble confiance à la bonté comme à la justice suprême, et ne m'est-il pas permis de vous crier à mon tour : gardez que la voix céleste ne profère inopinément contre vous le terrible *venite ad judicium* ?

Taillepied de la Garenne.

CINQUIÈME LETTRE

INCIDENTE

ENTRE LES TROISIÈME ET QUATRIÈME LETTRES

de M^r. de Lalive.

---

15 Avril 1818.

N'ESPÉREZ pas vous soustraire au jugement de vos pairs, (que vous n'avez pas rougi d'invoquer au moment même où vous le redoutiez le plus), sans être atteint du juste mépris que le public réserve à celui qui manque à ses devoirs et forfait à l'honneur.

Le porteur de la présente me rapportera votre réponse à ce sujet, ou bien, attendu l'embarras dans lequel je vous suppose de l'exprimer par écrit, j'interpréterai votre silence négativement.

Taillepied de la Garenne.

SIXIÈME LETTRE

SERVANT DE CONCLUSION ET DE DERNIÈRE RÉPLIQUE

Aux diverses Objections

Reproduites par M^r. de Lalive,

DE VIVE VOIX ET PAR ÉCRIT.

25 Mai 1818.

Vous vous envelopperiez vainement dans les replis du reptile, vous emprunteriez en vain ses facultés fugitives. Je vous suivrai dans vos inhabiles détours. S'il vous fût resté quelques notions de délicatesse et de loyauté, je vous aurais gagné ; mais il en est autrement, et puisqu'il est vrai que la raison, l'honneur et l'équité ont perdu sur vous tout empire, je m'armerai de la verge sacrée, et je vous frapperai jusque sur le cœur (1).

L'éclat de votre chûte, le ridicule amer qui la doit accompagner, se seront aggravés en proportion des étranges soins que

(1) Extrait de l'ancien Testament.

vous avez apportés à l'éloigner. Choisissez, il le faut enfin ; choisissez, vous l'avez voulu, de l'infamie qui couvre celui qui calomnie ses proches, pour les spolier en toute sécurité, ou de l'infamie qui s'imprime au front de l'ennemi déloyal, qui prétend outrager impunément.

Mais que les expressions du plus souverain mépris le cèdent encore pour mieux faire partager mon indignation, à tout le calme de la raison qui doit dépouiller les puérilités que mon honorable beau-père a jugé à propos de me prodiguer par écrit et de vive voix, et dont il entoure le refus qu'il m'adresse d'en déférer au jugement de ses pairs.

M^r. de Lalive n'exige pas, sans doute, que j'admire complaisamment avec lui toutes les actions de *sa vie entière*, sans en excepter une. Qu'il en tire donc, s'il lui plaît, pour conséquence son infaillibilité passée, présente et à venir. Il y aurait tout à la fois dureté et présomption de ma part, à lui arracher l'heureuse et consolante certitude qu'il croit avoir de n'être jamais atteint de l'amertume de mes reproches, de n'être jamais humilié par la candeur de mes expressions, qu'il consent à prendre pour des injures, et qui, selon lui, se trouvent démenties d'office, grace sans doute à l'idée avantageuse qu'il a de son infaillibilité. Cependant, lorsqu'il avance avec cette bonhommie exquise qui le caractérise essentiellement, et pour dernière réplique à mes dernières objections assez notables assurément, *qu'il a répondu à toutes les inculpations relatives à la charge d'Introducteur des Ambassadeurs,* le moyen de ne pas reconnaître que le poids des charges qui l'écrase, le réduit au silence; que sa cause est insoutenable; qu'il demeure sans réplique et reste confondu; nonobstant son infaillibité tant soit peu compromise.

Rien encore de plus simple jusqu'ici, que la réponse de M^r. de Lalive; mais un certain mouvement d'embarras, lorsqu'il s'agit d'éluder le jugement de ses pairs, se manifeste dans son style, et, précurseur de la crise qui va s'opérer, décèle qu'il comprend fort bien qu'il s'agit pour lui de choisir entre son intérêt et sa réputation : ce sont trois phrases d'une duplicité suffisamment gauche, à dessein obscurcies, et dont l'œil le moins exercé aperçoit facilement les contradictions qu'il destine à parer à d'aussi fâcheux résultats.

M^r. de Lalive prétend en premier lieu *qu'il a refusé bien positivement l'arbitrage, et qu'il le devait faire, afin qu'il ne fût pas répété, devant témoins, des horreurs d'une personne qu'il estime* (M^r. R......).

Il affirme ensuite *que j'ai très-faussement interprété le sens de son appel à Me.sieurs les Chevaliers de St.-Louis, lorsque, selon lui, je l'ai provoqué en en appelant à la croix dont il est décoré,* et qu'il m'a adressé cette menace. Il était seulement question *de décider lequel de nous deux manquait aux lois de l'honneur, de celui qui menaçait d'imprimer* du mal des personnes que M^r. de Lalive estime, *ou bien de celui qui se montrait si déterminé à se refuser à l'horreur d'être tué par le fils de sa femme.* Enfin et pour couronner l'œuvre, *il me déclare* que, si je persiste, *que, si j'ose l'attaquer publiquement, il en appellera* sérieusement *à l'association de Messieurs les Chevaliers de St.-Louis ; que si j'imprime un seul mot contre lui, il publiera lui-même ma correspondance toute entière, ainsi que la sienne.* Il ajoute enfin, *qu'il déclarera quel est l'homme qui l'attaque.*

Grace à la vertu magique de ces misérables sophismes, voilà bien l'appel au jugement de ses pairs, décidément éludé, et qui plus est, j'en suis encore menacé. Il m'est définitivement interdit de crier justice, de passer outre, ou bien, si je franchis d'une ligne, même à l'égard de mon généreux beau-père, les bornes du respectueux silence qui paraît lui convenir à tous égards; je dois m'attendre à le voir ajouter à tous ses titres à mon estime et à ma reconnaissance, le nouveau bienfait d'imprimer des infamies de son invention contre son beau-fils. Il me menace d'imprimer encore tous les détails merveilleux pour lui, qui nous sont communs, que je voudrais pouvoir à jamais ensevelir entre nous, mais qui, par la crainte qu'il affecte de leur publicité, lui servent de prétexte pour échapper au jugement impartial, devant lequel il recule aujourd'hui, tandis que, par la menace de les divulguer lui-même, il prétend parvenir à étouffer mes plaintes. En un mot, il a franchi toutes les difficultés, il a atteint le double but, très-moral en effet, de jouir paisiblement de ce qu'il a adroitement usurpé.

Quelle interprétation dénuée de sens, prétendez-vous donner

à votre appel à l'association? Et faut-il donc y répondre sérieusement. Quoi? lorsque j'en ai appelé à votre croix, il ne s'agissait d'après vous que de décider si votre honneur et le mien étaient plus ou moins compromis dans deux faits, dans deux actions parfaitement indépendantes de notre volonté commune, comme le sont de ma part la menace d'imprimer, et de la vôtre le refus de toute espèce de réparation? Et n'est-il pas évident qu'il ne pouvait s'agir et qu'il ne s'agissait effectivement que d'un seul et même fait, duquel l'honneur de l'un de nous ne pouvait ressortir intact, qu'aux dépens de celui de l'autre? N'est-il pas évident qu'il s'agissait purement et simplement du droit que je pouvais me croire à exiger de vous justice ou réparation, les devoirs d'un parent ou bien ceux d'un ennemi, et des droits que vous prétendiez avoir à vous refuser à l'un et à l'autre de ces devoirs?

Encore ne craignez-vous pas de dire, qu'il y a peu de bravoure de ma part à attaquer un homme qui ne saurait se défendre? Pourquoi donc parlez-vous sans cesse d'attaque et de provocation? Hé, Monsieur, de quoi prétendez-vous vous embarrasser! Quel autre que vous-même pourrait s'aveugler, au point de méconnaître que s'il vous fût resté quelque horreur d'être injuste, vous n'auriez jamais eu à m'entretenir de l'horreur de nous entretuer? Vos craintes sont d'ailleurs aussi trop puériles, tant que vous ne vous exposerez pas, on ne vous tuera pas; soyez donc au moins, à cet égard, en toute sécurité.

Sans doute c'était une idée tout autrement heureuse, bien que suggérée par les sentimens les moins recommandables, que de vous appuyer de mon respect filial, et de me menacer de m'en faire franchir les bornes malgré moi-même. Mais il n'est plus tems, l'honneur outragé ne connaît pas de frein; il doit entraîner dans sa propre chûte tous ceux qui en sont la cause, sans qu'aucune considération humaine puisse l'arrêter. Mon nom appartient à ma famille et à mes descendans; il ne saurait m'appartenir de le sacrifier à celui de mes ascendans qui m'a si mal aidé à le soutenir. C'est moi, c'est ma postérité toute entière que vous avez ruinés, que vous avez cruellement outragés, en m'éloignant, ainsi qu'elle, du poste honorable auquel le Prince avait daigné me rappeler, et je ne saurais reconnaître de véritable faiblesse de cœur, imitez-moi si vous l'osez, qu'à être injuste ou bien à supporter la honte.

D'ailleurs, sans m'aveugler sur cette publicité qui me désespère, tandis que vous en faites un jeu, ne dois-je pas espérer que l'opinion en rejettera sur vous tout l'odieux? Votre intérêt n'a rien connu de sacré; il ne saurait ménager votre propre délicatesse compromise dans cette même divulgation. Quelle autre impulsion que celle de la cupidité, vous force à vous conduire si indignement à mon égard, et me réduit à la cruelle extrémité de mettre au jour jusqu'aux premières sources de vos calomnies? Quelle autre impulsion que la cupidité, vous force à rejeter un arbitrage dans lequel cette publicité se serait trouvée anéantie? Supposé même, ce que votre mauvaise foi avance, et que la réalité dément, qu'il eût fallu porter tout à la connaissance de nos juges, pour décider entre nous; quel honorable motif a pu vous éloigner de comprimer ce fâcheux éclat dans ce cercle étroit sagement composé, et pour ainsi dire, sans danger pour nous?

Mais que sert, hélas! de faire parler devant vous le langage de la raison? Je me perds dans mes pensées, et je cherche inutilement de quoi se peut composer votre caractère, dans lequel domine sans contredit une simplicité rien moins qu'innocente. Me croira-t-on, si je rapporte vos propres paroles? Me croirait-on, si vous ne les eussiez répétées partout ailleurs que devant moi? Ma charge est superbe; de quelque manière que M^r. de la Garenne s'y fût pris avec moi, il n'en aurait jamais rien eu. *Elle est très belle ma charge, je viens encore d'en refuser cent mille écus; il n'en aura jamais rien.*

Vit-on jamais dépasser à ce point toutes les bornes de la pudeur? C'est vous-même qui m'éclairez; ce que le bruit public m'avait fait pressentir sans pouvoir me déterminer à y croire, vous seul êtes parvenu à me le persuader. Non, sans doute, votre excessive générosité ne vous aurait assurément pas permis de disposer si gratuitement en faveur de M^r. de Rémuzat, tout à la fois de votre adjonction, de votre survivance, et encore de 5,000 fr. prélevés sur les émolumens de la charge, et c'est bien 100 ou 200,000 fr., comme on le dit, que vous avez reçus de ses mains, que vous m'avez dérobés, et que vous défendez aujourd'hui.

Comment expliquer autrement vos refus à mon égard, que

vous prétendez fondés sur le tort que vous craignez de faire à Mr. de Rémuzat (1)? Auriez-vous autrement balancé même un seul instant, entre faire planer la ruine et le déshonneur sur une famille à laquelle vous vous deviez, ou bien à restreindre un bienfait, en en épurant la source selon les principes de la justice et de la légitimité?

Ainsi se confond encore et d'après vous-même, cette misérable objection que vous reproduisez, en cherchant à me représenter votre charge comme une faveur nouvelle et indépendante de nos droits antérieurs. Ce sont effectivement les intérêts de ma fortune que vous recevez, en touchant les émolumens de la charge; c'est effectivement de mon bien dont vous avez probablement retiré 200,000 fr. de Mr. de Rémuzat, et c'est de mon bien dont vous pouvez retirer selon vous-même, les 100,000 écus qu'on vous offre.

Obtenez-donc l'agrément du Roi à cet effet. Quand vous

---

(1) Il semblerait que Mr. de Lalive ne puisse exhaler dans cette affaire que des sons incohérens, dont le sens apparent se trouve démenti par la moindre réflexion. Soit qu'il ait reçu ou non de Mr. de Rémuzat, et bien qu'il lui ait assuré le quart de ses émolumens, la portion dont il jouit encore lui-même, depuis trois ans que je réclame, et depuis trois mois que nous discutons, n'est-elle donc pas à sa libre disposition? Et à qui pourrait-il prétendre faire tort, en la partageant avec moi?

Peut-être Mr. de Lalive ne se serait-il pas montré si difficile sur le sacrifice que j'exigeais de lui, s'il eût été informé que le Roi vient de récompenser, avec sa générosité accoutumée, la délicate retenue qu'il a daigné reconnaître de la part d'un des Officiers de sa maison, qui a su s'abstenir religieusement de solliciter l'office vacant, auquel il aurait pu faire valoir, avec succès, de nouveaux droits, mais qui, réclamé par le fils de l'ancien titulaire, vient de lui être accordé.

m'aurez donné 150,000 fr. d'une part, 50 ou 100,000 fr. de l'autre, alors et seulement alors vous n'aurez plus rien à moi; vous ne me devrez plus que la réparation de votre conduite passée (2).

Jusque-là et quoique vous puissiez faire, l'opinion ne vous reconnaîtra que l'ignoble but de retenir le mien; elle recevra, comme j'ai droit de l'espérer, les nouvelles calomnies, de la publicité desquelles vous me menacez encore, pour parvenir au même résultat. Elle fera la part de celui qui, attaqué dans ses biens et dans son honneur, use du droit d'une légitime défense; elle fera la part de celui qui soutient avec le plus coupable entêtement et par des moyens que je m'abstiens de qualifier, la plus insigne usurpation.

C'est à regret, mais la patience m'échappe. Ne croirait-on pas deviner que ce pourrait bien être autant sur vous que sur lui-même, qu'a pris modèle l'un de ces deux Messieurs R que vous avez investi de votre estime, de votre tendresse; que vous vous montrez si jaloux d'accueillir, lorsque dans une admirable proclamation destinée à soulever le peuple contre ses maîtres, et qui ne laisse aucun doute sur son éminente exagération, il a désigné le parti royaliste et la noblesse comme

(2) Nos princes ont une délicatesse et une pureté d'intention, qui se manifestent quelquefois d'une manière difficile à comprendre pour la sécheresse et la stérilité de certaines ames. Les lumières que la discussion a répandues sur toute cette affaire, m'ont convaincu qu'en laissant à M^r. de Lalive le choix d'un adjoint, Sa Majesté avait ainsi ménagé à mon beau-père la faculté de participer, en me désignant lui-même à ce titre, au bienfait que sa bonté royale daignait me destiner.

uniquement composés d'intrigans sans courage, d'ignorans sans moyens, de fripons déhontés. En effet, sans fripons point de dupes, et certes, je me trompe fort, ou vous n'êtes pas la mienne !

Quant à moi, j'en appelle, il le faut, à l'élite de la société, à cette portion éclairée et judicieuse du public, chez laquelle se sont conservés intactes, la délicatesse, riche de ses plus belles nuances, et tous les sentimens honorables qui seuls ont pu faire le lustre de la nation, la gloire de nos pères, et le plus ferme soutien de la monarchie. C'est elle que je supplie de juger la position trop difficile dans laquelle on m'a placé. Elle daignera considérer que si j'ai été réduit à compromettre ma délicatesse à ses yeux, il s'agissait enfin du bien le plus cher au monde, de demeurer honorable devant elle.

Taillepied de la Garenne.

Considérations générales

Relatives au même sujet.

J'AI accompli tout ce qu'exigeait ma pénible situation; je ne dois rien espérer de l'étrange adversaire que le sort m'a réservé, et ce serait méconnaître la sublimité de la raison, que d'essayer encore de lui faire entendre son langage. Tout ce que m'avait suggéré le desir de concilier les véritables intérêts de M^r. de Lalive avec les miens, n'a réussi qu'à me donner la conviction intime de l'impossibilité du succès. Ce n'est pas qu'il n'ait senti la nécessité de s'avancer de quelques propositions, et qu'ébloui de son crédit imaginaire, il n'ait tenté d'anéantir à la fois et mes droits et mes plaintes, en m'offrant un poste tout étranger à mes réclamations, persuadé, toutefois, qu'il aurait assez de pouvoir pour m'en éloigner à son gré. Mais Mr. de Lalive pense-t-il me faire abandonner de légitimes espérances pour usurper à mon tour un nouvel état que ses intrigues seraient parvenues à me ménager?

Qu'il cesse de compter sur le crédit de sa famille, et de s'abuser sur l'appui qu'il s'en promet, plus il la suppose puissante, plus il devrait comprendre qu'elle se gardera d'élever la voix en faveur de la cause inique qu'il soutient. Il est des principes invariables, et desquels les hommes en crédit ne sauraient s'écarter sans compromettre et leur nom et leur propre existence. La légitimité, c'est-à-dire, les droits assurés, les droits consacrés par les lois fondamentales sur lesquelles repose l'ordre social, ne peut être assujétie aux éternels caprices de mille factions diverses. Elle survit, immuable qu'elle est, à la chute même des empires; elle est encore, au milieu des bouleversemens et de l'anarchie, la condition inébranlable de toute société humaine, et sans elle, sans l'ordre dont elle est le seul garant, les corps politiques ne sauraient se réorganiser.

Nos publicistes modernes, infatigables novateurs, qui prétendent nous entraîner encore par leurs paradoxes politiques, et dont l'esprit systématique semble se plaire à suivre une marche contraire à celle que l'expérience a sévèrement prescrite, ne reconnaîtront-ils jamais que, bien loin d'obtenir quelques succès, leurs innovations, après avoir forcé à des exceptions choquantes et contradictoires à leur système, les ramèneront à des généralités stériles?

Pour qu'un peuple soit peuple, dit Rousseau, il faut qu'il statue qu'il est peuple. Voilà un droit ou bien une loi fondamentale de la communauté, mais pour que le peuple vive dans la paix, dans l'union, et selon l'ordre politique, il faut garantir à chaque particulier ses droits subséquens, son existence publique et privée, selon le rang où la nature l'a placé ; et ces droits désormais légitimes, ne doivent pas même le céder aux nobles succès d'un mérite éminemment utile, non plus qu'aux succès d'une industrie recommandable, qui deviennent des droits sacrés à leur tour.

En effet, comme l'inégalité des conditions plus anciennes que toutes les sociétés humaines, se trouve établie parmi nous, si la légitimité ne reste pas pour base de nos conventions, l'état ne peut exister, chacun voulant alors usurper les droits d'autrui. C'est donc en vain qu'on chercherait à détruire la légitimité, puisqu'elle est un des élémens constitutifs du corps politique, et rien n'est plus funeste que ces déclamations, qui donnent aux peuples une trop haute idée de leurs droits naturels. Cette doctrine les porte successivement de l'insubordination à la révolte. Ils supposent leurs droits inaliénables, ainsi que l'impriment sans cesse quelques écrivains, et bientôt, entraînés par leur folle prétention, ils se soulèvent pour les reconquérir; le droit de propriété même est remis en doute, et la société entière ébranlée jusques dans ses bases, devient alors victime de ces crises révolutionnaires, trop souvent accompagnées de l'effusion du sang humain, et qui, n'étant d'aucun intérêt réel, ne peuvent amener qu'à des résultats insignifians, sous le rapport de l'intérêt général, en rejetant au milieu d'une majorité dont il faudrait se réduire sagement à adoucir le sort, quelques familles élevées, dont la place se trouve aussitôt remplie par le plus adroit et premier occupant, qu'on voit assez rarement sortir des rangs de cette même majorité.

Il faut bien admettre que la raison d'état peut, en consacrant ces changemens, justifier l'abolition de quelques droits légitimes, et la ruine des individus qui en sont devenus victimes : tels eussent été les fidèles serviteurs du Roi, si sa bonté ne se fut étendue sur eux. Mais si ce Prince, en rappelant M^r. de Lalive comme en lui laissant la faculté de m'adjoindre à ses fonctions, a daigné reconnaître qu'aucune raison d'état n'était aujourd'hui de nature à nous ravir nos droits antérieurs, c'est donc la cupidité de M^r. de Lalive qui le porte seul à ne reconnaître aucuns devoirs sacrés, et rien au monde de légitime.

LETTRE D'ENVOI.

30 Juin 1818,

Vous seul au monde pouvez, je pense, consentir sans effroi à charger votre conscience des suites désastreuses que doit avoir votre coupable entêtement.

Je desire, sans l'espérer, que cette idée parvienne à réveiller en vous quelques sentimens honnêtes, et à vous faire recourir aux conseils désintéressés que vous avez rejetés jusqu'ici avec présomption.

Quoiqu'il en soit, et malgré votre profonde ignorance sur tous les devoirs que vous trahissez à-la-fois, j'en remplis un dernier, en vous adressant imprimé, ce que j'ai cru devoir ajouter à ma correspondance avec vous pour la rendre publique.

FRAGMENS D'UNE LETTRE

EN RÉPONSE
A UN BILLET ANONYME DE Mr. DE LALIVE.

Ne pensez pas que votre entêtement irréfléchi puisse jamais parvenir à vaincre la détermination que j'ai prise à votre égard. Le tems ne saurait me faire oublier l'injure que vous m'avez faite, et ne vous garantira pas des nouveaux affronts qu'il vous faudra endurer.

Je devrais confier dès aujourd'hui au public le billet anonyme que j'ai reçu de vous, et qui, lithographié avec exactitude, vous montrera, dans l'isolement dont vous commencez à ressentir les effets, contraint à renoncer à l'appui des honnête gens, et réduit à vous cacher, dans l'attitude la plus humiliante, derrière votre lettre anonyme, soutenant ainsi votre première faute par une faute encore plus grave.

Que votre écriture soit presqu'aussi mauvaise que la mienne, voilà ce qui n'aurait pas été pour moi l'objet de la plus légère remarque, mais puisqu'il s'agit de vous convaincre d'avoir pris en ma faveur le généreux soin de vous déguiser, il faut bien ajouter que les caractères que vous tracez ordinairement offrent dans leur ensemble et chacun en particulier une apparence pour ainsi dire hiéroglyphique, un cachet d'originalité qui n'appartient qu'à vous seul, et qui a rendu votre déguisement presqu'impossible, et si peu adroit qu'il suffit du premier regard pour reconnaître que vous êtes l'auteur de l'écrit anonyme dont je parle, et, qu'au détail, la conformité des lettres ne saurait échapper à l'œil le moins exercé (1).

Il est vrai qu'en vous faisant passer, avec toute la loyauté possible, une épreuve des additions que j'ai faites à ma correspondance avec vous, je vous en avais annoncé la publication, mais un ministre, qui vous a jugé trop favorablement, ayant exigé qu'elle fût retardée de trois ou quatre jours, délai qu'il avait jugé suffisant pour que vous puissiez prendre une détermination honorable ; j'ai moi-même cru devoir par déférence prolonger ce délai jusqu'à ce jour. Ce même ministre ne peut être soupçonné d'avoir fait circuler ce recueil en mon nom, et comme, de mon côté, je n'en ai fait part qu'à trois ou quatre de vos plus proches, il reste prouvé de nouveau que l'écrit anonyme qui commence par ces mots : *j'ai reçu, Monsieur, le libelle que vous faites circuler*, ne peut être et n'est en effet que de. vous.

On reconnait facilement dans ce nouvel acte de démence, le langage des diverses passions qui vous agitent, etc., etc...

PREMIÈRE LETTRE

Adressée a Monsieur PASQUIER, Ministre de la Justice,

En date du 8 Août 1818.

Monsieur le Baron,

La confiance du Roi, dont vous êtes si spécialement honoré, m'a fait un devoir de penser que le malheur était assuré près de vous des égards que Sa Majesté ne dédaigne pas d'avoir elle-même pour l'infortune, quelle qu'en soit la source, si souvent opposée à ses premiers intérêts.

J'étais loin de m'attendre que l'expression du malheur sous lequel je suis courbé, et qui vous a été présentée en mon nom par une femme, par une mère, par la fille d'un lieutenant général des armées du Roi, pût être accueillie ou plutôt repoussée avec une véhémence extrême, que je ne pourrais considérer sans une profonde affliction, bien loin de me permettre d'en accuser la source, si toutefois il faut bien le dire, elle n'avait été accompagnée des assertions les plus outrageantes: elles empruntent du noble ministère que vous occupez, un caractère de gravité qui deviendra sans doute mon excuse auprès de vous, Monsieur le Baron, si je crois devoir les repousser.

S'il était vrai que, loin d'être étranger à mes adversaires, comme vous avez bien voulu l'assurer, une honorable intimité avec la famille de M. de Rémzat, des relations, sinon des alliances directes avec la famille de M. de Lalive eussent assuré votre appui à ces messieurs, et que votre influence employée en leur faveur n'ait pas peu contribué à m'éloigner, (grâces à l'incroyable inconvenance de mon beau-père), du poste auquel je devais prétendre, s'il était vrai que je tinsse quelques détails à ce sujet de l'une de ces familles dont vous accueillez quelquefois les invitations, aussi bien que celles de mes ennemis les plus directs; n'aurais-je pas quelques droits à en appeler à votre générosité, lorsque vous croyez devoir en appeler au ministre du Roi, au ministre de la justice, contre mes vœux qu'on pourait présumer contraires à vos desirs, lorsque vous assurez que, soumis à sa censure, vous saurez m'en frapper, lorsque vous ne balancez pas à m'apprendre que vous saurez bien empêcher le prince de m'approcher de sa personne, etc., etc., et qu'enfin on saura de nouveau m'aliéner ses faveurs?

D'ailleurs, Monsieur, sous le rapport de la morale publique, qui me semble aussi outragée sans relâche, et sur laquelle vous avez tant de raisons de rappeler votre censure aujourd'hui, (1)

---

(1) N'en déplaise à M. de Lalive, non plus qu'à ses intimes, j'avais prévu que la publicité qui pouvait résulter du dépôt de cinq exemplaires de mes lettres imprimées, à la direction de la librairie, serait aussitôt anéantie par l'intérêt plus ou moins direct de tant de préfets, de généraux et de ministres alliés à la descendance de M. de Lalive de Bellegarde, et que M. le baron Pasquier, ou quelqu'autre aussi favorablement disposé, lirait « *ce que j'ai écrit, et cela, parce qu'il*

qu'il me soit permis de vous faire observer que l'indignation du public, auquel le recueil complet de ma correspondance avec M. de Lalive n'a jamais été destiné, comme je pourrais le prouver si vous en doutez encore, serait sans doute porté au plus haut, par les auteurs des fautes inouies qui y sont relatées, et non point par leurs victimes qu'ils auraient réduites à en médire. Tous me trouveront à plaindre, quelques-uns me prêteront leur aide, PAS UN N'OSERA PRENDRE HAUTEMENT LEUR DÉFENSE.

Quoiqu'il en soit, et bien plus encore, ne vous entretenait-on pas de tous les ménagemens que j'ai conservés jusqu'à ce jour, de ma déférence pour vous-même, des moyens d'allier les divers intérêts dans cette affaire, et surtout des dispositions

» *était de son devoir de le lire* »; mais je n'avais pas prévu qu'on pût être à la fois si soigneux de son avancement, et si peu soigneux de son honneur.

Pour donner la preuve que la censure de M. le baron ne s'exerce pas avec une égale sollicitude sur tout ce qui peut intéresser la morale publique et la stabilité du trône, je citerai, en rougissant d'indignation à mon tour, ce que je viens de lire tout récemment imprimé.

« Le sang que la révolution a fait couler me fait horreur, mais ne m'étonne pas.
» Un des plus célèbres orateurs modernes (Mirabeau), et peut-être l'apôtre le
» plus prodigieux de cette révolution, a dit que la liberté voulait être ASSISE sur des
» matelas de cadavres. (La décence m'a forcé à adoucir un peu l'énergie de l'ex-
» pression, mais j'en rapporte le sens). Ce mot vrai fait frémir; mais il n'est vrai
» que quand la liberté se fonde sur les ruines du pouvoir absolu.
» Peut-être aujourd'hui sommes-nous forcés de dire au sujet des malheurs de
» notre révolution, ce que le lord Chesterfield écrivait à son fils en lui parlant des
» attentats et des fureurs de la révolution anglaise. On blâme beaucoup ces ac-
» tions, dit-il; cependant si elles n'avaient point eu lieu, il ne nous resterait plus
» de liberté.
» Convenez, monsieur, qu'il est bien pénible d'en jouir à ce prix; mais elle est
» nécessaire au bonheur des hommes ».

La morale, ou du moins la conséquence de cet article, pourrait bien être aux yeux de quelques-uns,

« Qu'un sang impur (s'il le faut) abreuve nos sillons ».

du chef du conseil qui vous rendait si facile d'éviter toute espèce de scandale, toute atteinte à la morale publique ?

Avant de vous prononcer si sévèrement contre moi, avant d'appuyer sur mes plaies, daignez vous rappeler, Monsieur, que la pureté des intentions n'est pas toujours récompensée; que déjà vous-même, bien qu'alors armé des moyens d'influence les plus efficaces, vous n'avez pas été exempt du revers le plus imprévu, et veuillez, au-dessus du vulgaire, faire aussi pour moi la part de l'impossibilité.

Du haut degré de malheur où je suis arrivé, on est inaccessible à la crainte; toutes mes facultés se sont concentrées avec force vers le but de défendre mon honneur, et j'ai dû, en quelque sorte, cesser d'exister pour tout autre sentiment, dans un état de choses si indépendant de ma volonté, et auquel l'Être suprême mettra bientôt un terme.

Si les intimités de M. le baron Pasquier m'ont déjà été si peu favorables, je me dois d'oublier encore des assertions outrageantes, qui m'ont forcé à prendre la plume, et je dois à Monsieur le Ministre de la Justice de croire que cette explication, désagréable relation que je considère comme une des conditions les plus pénibles de ma situation, deviendra mon titre pour me tenir certain à mon tour de son bienveillant appui.

J'ai l'honneur d'être, etc.

LETTRE

ADRESSÉE A Mme. DE V....., SŒUR DE M^r. DE LALIVE.

Le 11 Août 1818 (1).

MADAME,

Je desire que la démarche que je hasarde aujourd'hui, trouve près de vous son excuse dans la nécessité d'accomplir le systéme de ménagemens que j'ai cru devoir adopter à l'égard de mon beau-père, et dont elle est une des dernières conséquences. C'est à ce titre que j'ose vous prier de vous faire communiquer le recueil de ma correspondance avec M. de Lalive. Si je dois préjuger par la réputation que vous vous êtes acquise, Madame, je n'ai point à redouter de votre part les effets d'une partialité irréfléchie, qui aveugle quelquefois les meilleurs esprits, et dont vous saurez bien, sans doute, vous dégager noblement, pour n'apercevoir que les chances qui semblent s'offrir à vous, et vous réserver de mettre un terme aux disgraces que j'ai éprouvées, tout en en anéantissant les suites. J'espère alors que vous me permettrez d'avoir l'honneur de vous entretenir à ce sujet. Daignez, Madame, s'il en était autrement, m'épargner votre réponse qui, sans pouvoir influer en rien sur mes dé-

---

(1) Cette lettre a été suivie d'une conférence assez longue, dont l'unique résultat a été de vaines assurances de neutralité de la part de M. de V...., tant en son nom qu'au nom des siens.

terminations ultérieures, viendraient ajouter, en me froissant encore, à ma position déjà trop pénible.

J'ai l'honneur d'être, etc.,

P. S. Je ne me permets de remarque sur le déplorable système adopté par M^r. de Lalive, que pour vous engager à vous faire encore communiquer le manuscrit qu'il a confié à l'imprimeur. La publicité des explications détaillées qu'il contient, a évidemment pour but de me contraindre à confier au public, non-seulement ce que je lui destine, mais encore ce qu'il doit ignorer; et cependant les procédés qui m'ont réduit à adresser d'amers reproches à M^r. de Lalive, bien loin d'être atténués par cette étonnante détermination, n'en peuvent être qu'aggravés aux yeux du monde.

RÉPONSE

ADRESSÉE A M^r. LE BARON PASQUIER, MINISTRE DE LA JUSTICE.

Le 24 Août 1818.

MONSIEUR LE BARON,

Il me paraît d'autant plus pénible de vous distraire des hautes occupations qui réclament sans doute tous vos momens, que je me crois dispensé de reproduire les raisonnemens contenus dans la lettre que j'ai eu l'honneur de vous adresser, et qui semblent offrir une réplique suffisante à celle que vous avez pris la peine de m'écrire.

Cependant vous permettrez j'espère, Monsieur, que j'essaye de rejeter sans réserve, et avec toute la force du sentiment de fierté dont je me sens ému, l'*indignation*, quelque véhémente qu'elle puisse être, dont vous avez cru devoir m'adresser l'expression écrite.

Quand bien même ce terrible droit de préjuger serait l'une de vos attributions à titre de ministre de la justice, ce dont il m'est permis de douter encore, il ne m'en paraîtrait pas moins cruel que parent, ou bien même étranger à mes adversaires, vous en fissiez usage contre moi.

Je me réduis à regretter de n'être pas à même d'éclairer moi-même votre religion, comme je désirerais que vous me le permissiez, mais je ne consentirai jamais à croire qu'une personne appelée à approfondir les affaires les plus susceptibles d'offrir des doutes, puisse errer long-tems, lorsqu'il s'agit de reconnaître le droit légitime envahi par l'intérêt particulier et au mépris de l'équité, comme de toutes les convenances, lorsqu'il s'agit de démêler le cri de détresse que la victime s'efforce à retenir elle-même, de l'audacieux éclat au milieu duquel on espère la frapper encore.

Au surplus, je vous prie de croire, Monsieur le Baron, que je n'avais jamais douté que vous n'eussiez connu jusqu'ici M. de Lalive, que sous des rapports fort honorables, comme vous daignez prendre le soin de me l'affirmer : il m'avait suffi de savoir que vous fréquentiez sa maison, et que vous vous réunissiez quelquefois à lui pour fêter Mme. de Jully.

En apprenant encore de vous-même, Monsieur, que M. de Remuzat a l'honneur d'être allié à votre maison, il m'est difficile de ne pas témoigner quelques regrets de ne pas vous avoir vu saisir ce nouveau moyen d'éviter toute atteinte à la morale publique. En effet, si vous eussiez jugé convenable de toucher quelque chose de la malheureuse affaire qui nous occupe devant ce dernier, c'eût été faire naître en lui la noble idée de reconnaître dignement la faveur du prince, et de s'acquitter envers M. de Lalive qui en est devenu le généreux dispensateur à son égard, en se montrant lui-même disposé à partager cette même faveur dont je suis jaloux, et en rendant ainsi le calme à trois familles compromises aux yeux du monde.

Je ne me dissimule pas que les services de mon père auprès du Roi Louis XVI, et les services que Sa Majesté Louis XVIII a daigné agréer de lui, ma conduite personnelle et quelques sacrifices assez notables ne sont pas de nature à balancer dans l'opinion de certaines personnes, les services de M. de Remuzat, ou du moins ceux de Monsieur son père : mais alors même cette manière d'en agir en aurait paru plus recommandable de la part de Monsieur votre parent.

Quoiqu'il en soit, il aurait été plus qu'indiscret à moi, connaissant en partie les relations de M. Pasquier avec les familles de Lalive et de Remuzat, de prétendre abuser sérieusement de son appui, et le refus qu'il m'en adresse pourrait bien être, quelque dur qu'il me paraisse, à peu près gratuit : mais ce qui paraîtra d'une dureté bien plus affligeante encore de la part de Monsieur le Baron, c'est sans contredit l'espèce d'ironie avec laquelle il veut bien m'engager à attendre d'un miracle de la tendresse maternelle le terme des malheurs qui pèsent depuis vingt ans sur ma famille, et cela, lorsque les principaux détails seulement dont le récit a passé sous ses yeux, ont dû lui donner nécessairement une juste idée de la nature des miracles que cette même tendresse est susceptible d'opérer en ma faveur.

Je ne puis que supplier M. le baron de se rappeler que je me suis adressé à lui dans le principe, dans l'intention de le disposer au rôle de puissant médiateur qui semblait lui être réservé par S. E. le duc de Richelieu ; et je ne serai pas seul à reconnaître qu'en dédaignant ce rôle, M. le baron a cédé sans contredit à un devoir bien rigide qui lui a imposé de renoncer à assoupir cette affaire sous les rapports publics et particuliers, et à prendre en apparence parti pour les siens, en menaçant de sa vindicte et de son influence, des intérêts opposés aux leurs.

Ne serait-ce pas me faire cruellement repentir d'avoir mal préjugé ses intentions, que me prêter des sentimens diamétralement opposés à ceux qui m'inspirent, et me réduire, non content de s'élever contre moi, à entretenir une correspondance déjà pénible et incessamment dangereuse, en me mettant dans l'absolue nécessité de repousser des outrages qu'aucunes considérations ne sauraient neutraliser?

J'ai l'honneur d'être, etc.

P. S. Je supplie M. le baron de rester convaincu que les démarches que j'apprends qu'on a faites, soit de sa part, soit à son insu, auprès de ma propre famille, pour parvenir à me l'aliéner en l'effrayant pour moi-même sur les suites d'une affaire dans laquelle on prétend vainement anéantir le fond par la forme, ne peuvent que m'éclairer de nouveau sur le peu de bonne foi des promesses de neutralité qu'on m'a faites, et sur la mesure de crédit de mes adversaires auprès de plusieurs ministères (1).

---

(1) Ce *post-scriptum* a été ajouté lorsque j'ai appris que M. le procureur-général, que je connaissais avant son élévation, beaucoup trop susceptible de se laisser surprendre par de trompeuses apparences, avait cru devoir s'entretenir de ce qui me regarde, avec M. le comte de *** mon proche parent.

SIXIEME LETTRE

ADRESSÉE A Mr. LE DUC DE RICHELIEU,

APRÈS UN ÉGAL NOMBRE D'AUDIENCES OBTENUES DE SON EXCELLENCE.

Monseigneur,

Votre Excellence a daigné apprécier et pardonner la respectueuse franchise avec laquelle j'ai exprimé en sa présence les sentimens que m'inspire l'injustice dont je suis l'objet, ou du moins l'inconvenance dont j'ai à me plaindre.

J'ai conçu dès-lors une trop haute idée de la générosité de Mr. le Duc, et j'ai d'ailleurs une trop haute opinion de la saine religion qui éclaire sa conscience, pour balancer à m'adresser à lui de nouveau, lorsque de sa décision dépend l'honneur de quelques-uns de ses plus notables concitoyens; lorsqu'il peut à son gré anéantir ou sauver ma famille, et faire changer la chance qui a placé devant moi Mr. de Lalive et plusieurs autres personnes, dont la plupart ne sont pas mes ennemis, mais bien mes alliés, mes parens et mes amis.

Je dois donc demander à Votre Excellence de prendre en considération que j'ai reçu la parole de Mr. de Lalive, non seulement qu'il ne s'opposerait en aucune manière à ce que je partageasse avec Mr. de Rémuzat l'adjonction à la place d'introducteur des ambassadeurs, mais encore qu'il regrettait que ses engagemens avec ce dernier ne lui permissent plus de solliciter cette faveur.

J'ai reçu de Mme. de V...., sœur de mon beau-père et alliée de M^r. de Rémuzat, l'assurance positive qu'elle et sa famille resteraient neutres à cet égard.

Enfin, de part et d'autre, on n'a pas laissé ignorer qu'on désirait, à l'égal de moi-même, voir assoupir cette affaire.

Ainsi la décision que je sollicite pourrait satisfaire d'anciens titres que Votre Excellence a daigné trouver recommandables, sans blesser en aucune sorte des intérêts plus nouveaux, mais plus constitutionnels en apparence. M^r. le Duc me permettra d'ajouter que d'ailleurs la survivance accordée à M. de Rémuzat a déjà fait essentiellement dévier toute cette affaire de ces mêmes principes constitutionnels, et qu'il serait bien affligeant pour moi de les retrouver tout à la fois si faciles en faveur de M^r. de Rémuzat, et trop rigoureux à mon égard.

Je prierai encore Votre Excellence d'observer que les chances seules que la nature nous réduit à prévoir, nécessiteront, au moins après mon beau-père, l'appel d'un second introducteur qu'exige le service de cette place, en cas d'empêchement du premier, et que, sous ce point de vue, la décision que je réclame, et dont je supplie Votre Excellence de sentir toute l'importance particulière, deviendrait toute spéciale, motivée sur un arrangement de famille, et susceptible d'être présentée sans la moindre explication.

Il est bien fâcheux pour moi d'avoir à ajouter qu'un ministre de Sa Majesté, parent et intime des familles de M^r. de Rémuzat et de M^r. de Lalive, a cru pouvoir s'élever contre moi dans leur intérêt, me menacer de sa vindicte et de son influence auprès du prince, et me réduire à repousser par écrit les outrages même échappés à sa plume. Mais enfin, puisqu'il est vrai que M^r. Pasquier n'a pas craint de se montrer disposé à faire encore peser dans la balance son crédit auprès de Votre Excellence, il m'a imposé lui-même de recourir à de plus nobles sentimens, et d'assurer auprès de M^r. le duc de Richelieu, un abri à mes malheurs si cruellement méconnus.

Je supplie M^r. le Duc d'apporter quelque attention aux réflexions que j'ai cru devoir mettre en *post-scriptum*,

Et de vouloir bien agréer les hommages respectueux
De son très-humble et très-obéissant serviteur.

A., etc.

Ce *post-scriptum* a été retranché, attendu qu'il était en quelque sorte le résumé des lettres précédemment adressées à M^r. Pasquier.

RÉPONSE AU MANUSCRIT
QUE M^r. DE LALIVE
A MIS SOUS LES YEUX DU ROI.

> En vain la prudence et le devoir auront circonscrit le champ ; un insensé adversaire a bientôt franchi les bornes ; il vous entraîne au-delà ; et quoi que vous fassiez, si vous frappez juste, il se trouve à côté.
> « Il n'est enseignement pareil
> » A celui-là de fuir une tête éventée ».
>
> LAFONTAINE.

Monsieur de Lalive fait circuler un manuscrit composé des lettres qu'il m'a adressées, et de quelques explications insignifiantes, dans lesquelles l'impossibilité de justifier sa conduite le réduit à accuser la mienne. Les lettres que j'ai fait imprimer répondant à toutes les observations contenues dans celles de M^r. de Lalive, et ayant reproduit des argumens sans réplique, il ne me resterait qu'à répondre à ces explications additionnelles, s'il avait suivi l'exemple de loyauté que je lui ai donné, en lui adressant préalablement tout ce que j'ai écrit à son sujet. Il me réduit donc à relever quelques-unes des assertions inexactes que j'ai retenues de mémoire, lorsqu'on m'a lu son manuscrit auquel j'attache d'ailleurs fort peu d'importance.

Mr. de Lalive affecte de considérer mes lettres comme déjà publiées; il lui convient surtout d'établir en fait que la première a eu la même destination; et tandis que, par une honorable retenue, j'ai tardé jusqu'ici à publier une seule d'entr'elles, et que bien loin d'avoir jamais destiné la première au public, je me suis même interdit de rappeler les phrases des réponses de Mr. de Lalive, qui pouvaient attirer l'attention sur ce qu'il convient qu'on ignore. Mr. de Lalive a rempli la moitié de son mémoire (c'est-à-dire, environ cinq pages) des accusations les plus graves sur l'immoralité qu'il y a, selon lui, de ma part, à avoir publié des détails de famille, des plaintes les plus amères sur la perfidie qu'il prétend reconnaître à n'avoir pas rapporté ses lettres sans restriction. C'est ainsi que mon beau-père effectue en partie la menace qu'il m'a dès long-tems adressée, de publier lui-même toutes les vérités que je me suis vu réduit à mettre sous ses yeux; et c'est ainsi qu'il prétend se justifier.

Mr. de Lalive se félicite de n'avoir pas à adresser à mon frère les mêmes reproches qu'il me prodigue, et il interprète son silence comme une improbation générale de mes opinions à son égard. Mon frère ne saurait approuver la publicité de toutes mes lettres, et c'est en cela mon opinion qu'il partage, ou bien la sienne que j'ai suivie : mais ce serait nous supposer dénués de tous sentimens honorables, que de penser que Mr. de Lalive et les personnes compromises dans mon mémoire, aient pu inspirer quelque considération respectueuse à l'un de nous. Que Mr. de Lalive cesse encore de vanter son crédit employé, selon lui, dès long-tems auprès du ministre de la guerre, en faveur de M^r. Alexandre de la Garenne ; tandis que, si l'on en juge par les effets, ce crédit aurait été dirigé contre lui. Qu'il n'affecte pas de vanter encore ses bienveillantes intentions en sa faveur. Qu'il se rappelle qu'elles se sont réduites jusqu'ici à lui interdire la présence de sa mère, lorsqu'après dix ans d'absence, à peine échappé aux chances de la guerre et aux dangers de ses blessures, il s'était fait un devoir de la saluer, malgré qu'on l'eût contrainte à rester, durant ce laps de tems, dans une abnégation entière de tous les sentimens naturels à son égard.

Que M^r. de Lalive trouve *bien doux*, pour rappeler une de ses expressions naïves, le silence que nos conventions mutuelles ont permis à mon frère ; mais qu'il cesse d'en conclure qu'en le calomniant dans ses écrits, comme en s'emparant de mon poste qui aurait pu lui appartenir, il ait dignement reconnu son extrême retenue. Qu'il cesse d'en conclure qu'il se soit acquis quelques droits à sa gratitude, quelques titres à l'estime publique.

J'aime à retrouver mon adversaire sensible à ma critique, et cherchant à s'y dérober. J'acquiers, avec la certitude qu'il jouit de quelques momens lucides, le droit de lui répondre, et cette certitude me devient bien précieuse au moment où je le vois se comparant complaisamment à nos preux chevaliers, leur emprunter, pour en faire l'épigraphe de son manuscrit, cette devise : *Fais ce que dois, advienne que pourra.*

Quelle nouvelle folie ! quelle caricature étrange, s'il s'agissait d'envisager la chose au positif ! Mon beau-père, M^r. de Lalive, c'est tout dire, s'armant chevalier, et de pied en cap équipé, consentant à descendre dans l'arène avec moi. Allez, allez, Monsieur, on vous sait gré de l'intention ; supprimez de cette devise qui vous plaît tant ; la première proposition ; le reste (*advienne que pourra*), vous appartient, et par droit de conquête et par droit de naissance. Quant à la devise qui présente essentiellement l'idée d'un attachement scrupuleux au devoir, d'une inébranlable détermination dans les dangers, et d'une religieuse résignation dans les revers, vous me permettrez de vous la disputer encore; vous consentirez, pour cette fois au moins, à rendre à chacun ce qui lui appartient; et comme il est vrai qu'il n'est faute si grave qu'un saint repentir n'efface, vous y aurez droit, quand vous aurez cessé de méconnaître ce précepte du divin législateur, première règle du devoir, premier guide de la conduite : *Quod tibi fieri non vis, alteri ne feceris.*

Parmi les reproches que j'ai adressés à M^r. de Lalive, celui d'avoir cédé à l'intérêt qui le guide, en se refusant à racheter, avant leur publication, les mémoires manuscrits de Mme. de Lalive d'É..... (1) sa tante, paraît lui être particulièrement sensible. Il repousse ce reproche assez choquant, et justifie sa judicieuse économie, par la crainte qu'il affecte d'avoir eue, de donner de l'authenticité à cet ouvrage, et par une autre crainte aussi bien fondée, que les éditeurs, qu'il suppose de mauvaise foi, l'eussent fait, contre toutes conventions, imprimer ailleurs. Cependant je ne pense pas que ces mémoires aient beaucoup à gagner sous le rapport de l'authenticité; et l'on avouera que si les alliances de M. de Lalive avec trois ministres d'état, ses relations avec deux autres personnages de la même importance, ont pu faire naître en lui la malheureuse confiance qu'il pouvait échapper au blâme que doit lui attirer l'indélicatesse qu'il a commise envers moi, il devait, à plus juste titre, compter sur leur appui, lorsqu'il ne s'agissait que de faire respecter un marché conclu, que d'interdire en un mot la publication des mémoires de Mme. d'É.....

(1) Voir la note qui termine cet ouvrage.

D'ailleurs, ma correspondance est-elle plus honorable pour lui? Et puisqu'il est vrai qu'à l'abri des liens qui nous unissent, il croit pouvoir me rendre impunément l'objet de ses impertinentes calomnies, et prétend qu'une légère somme d'argent, unique but de mes démarches, aurait suffi à acheter mon silence, mon intérêt personnel ne lui offrait-il pas un assez puissant garant de ma discrétion? Comment s'excusera-t-il d'avoir négligé d'offrir cette faible indemnité à son beau-fils? et de quelle nature sont donc les nouvelles craintes qu'il aura encore éprouvées, et qui lui ont fait négliger un moyen facile de s'épargner tant de disgraces?

De tout ceci, M. de Lalive me permettra de tirer la conséquence qu'il n'ignorait pas la fausseté de l'imputation dont il me chargeait, ou bien, qu'il a mis à bien vil prix l'honneur de sa famille.

Quoiqu'il en soit, je me serais bien gardé d'entamer avec M. de Lalive une négociation qui ne pouvait avoir d'autre résultat que celui de porter un maniaque à tout sacrifier pour satisfaire les faiblesses de son esprit, et je me serais résigné à déplorer comme tant d'autres, l'aveuglement auquel l'a réduit le mauvais génie qui le guide. Cependant comme l'homme, quelque passionné qu'il soit, médite encore sur les chances de succès, avant de se livrer à son penchant, j'ai dû me rendre compte de la base sur laquelle M. de Lalive établissait son système de réussite, et tel est le résultat auquel je suis parvenu.

Le gouvernement monarchique a pour base la morale, et pour ressort l'honneur. Montesquieu a dit à l'appui de cette vérité « que le principe de la monarchie se perd et se cor-
» rompt lorsque l'honneur a été mis en contradiction avec les
» honneurs, et qu'on peut être à-la-fois couvert d'infamie et
» revêtu de dignités ».

Le gouvernement royal est loin d'ignorer cette vérité, mais s'établissant après une crise qui a bouleversé l'esprit de la nation, et corrompu tous les cœurs, obligé de satisfaire un peuple égaré par des systèmes extravagans, il lui était difficile de concilier les intérêts de sa politique avec ceux de la morale, et forcé ainsi de dévier des bases de son existence, la raison d'état lui a imposé l'obligation de ménager les intérêts révolutionnaires. Delà la difficulté de faire vivre dans l'union celui qui a été froissé par le jeu des évènemens, et celui que les mêmes évènemens ont favorisé. L'oubli que l'on exige du premier est devenu un devoir d'autant plus pénible qu'il cesse d'être réciproque, et le blâme qui suit une action injuste rend au second l'oubli plus difficile encore. Toutefois honorer à l'égal les succès d'une coupable ambition, et la délicatesse qui s'est couverte d'une noble misère, livrer la seconde aux insultes de la première, dont l'intérêt direct est si évidemment de l'anéantir, ce serait oublier l'avenir pour le présent; ce serait anéantir bien loin de la revivifier la morale publique; en un mot, ce serait prétendre isoler à jamais la monarchie de sa base (1).

Dans ces circonstances, la crainte de perdre l'estime de quelques personnes d'une vertu trop rare aujourd'hui, n'a pas suffi à retenir M. de Lalive. Il a facilement consenti à courir le risque, dès-lors insignifiant pour lui, de se trouver confondu avec tant d'autres dont la délicatesse est loin d'être vierge, et qui, non contens d'être arrivés à la fortune, prétendent encore aux emplois les plus rapprochés du trône. Il a fort bien conçu qu'en mariant, en assimilant autant qu'il était en son pouvoir ses intérêts aux intérêts révolutionnaires, il faisait une nécessité au gouvernement de garder le silence sur mes pré-

---

(1) « L'honneur étant le principe du gouvernement monarchique, les lois doi-
» vent s'y rapporter; il faut qu'elles travaillent à soutenir cette noblesse dont l'hon-
» neur est pour ainsi dire l'enfant et le père ». MONTESQUIEU.

tentions, et qu'il suffisait de me contraindre par ses refus à leur donner une sorte de publicité pour qu'elles présentâssent au gouvernement le double inconvénient de faire naître, par l'exemple d'une équité trop éclatante qu'il aurait donné en les reconnaissant, à ceux-là trop de craintes, à ceux-ci trop d'espérances.

C'est ici que M. de Lalive me met dans la nécessité de me montrer en opposition directe avec ses idées trop généralement répandues.

L'égalité et l'inégalité sont deux principes innés dans l'homme, qui se disputent sans cesse ses droits sociaux, et dont l'influence parmi les peuples détermine la politique des gouvernemens, et quoique l'égalité n'ait jamais régné parmi les peuples, elle offre à nos yeux des dehors si séduisans, de si trompeuses apparences, que trop chère aux peuples de tous les âges, auxquels elle présente l'idée de toutes les vertus, lors même que les mœurs corrompues laissent le champ libre à l'ambition et à l'intérêt, l'inégalité ne peut parvenir à dominer, qu'en empruntant le masque de l'égalité elle-même. Mais déjà l'inégalité a comblé ses nouveaux favoris, et bientôt ils sauront rejeter au loin un auxiliaire si dangereux à leur ambition, que le succès a déjà couronné. Alors renaîtront ces considérations, ces susceptibilités morales, s'il est permis de s'exprimer ainsi, si chères à nos ayeux, et qui faisaient considérer la vertu comme un apanage héréditaire à la conservation duquel ils savaient se dévouer.

Elle renaîtra peut-être encore cette susceptibilité religieuse, dont l'absence anti-monarchique réduit l'homme au présent, en l'isolant du passé et de l'avenir. Les vertus morales ne seront plus réduites alors au respect seul des lois, à la seule crainte des peines, et puissions-nous rétrograder vers ces siècles calmes et paisibles, durant lesquels à Rome la probité en honneur ne laissait au législateur, que le soin de donner des conseils et de décerner des récompenses; où bien vers ce siècle où l'on vit une peuplade heureuse ne connaître d'autres lois écrites que de religieux préceptes. On s'étonnera peut-être alors que, moins scrupuleux que ceux de 1793, qui n'avaient pas osé abolir les charges, sans statuer par une loi (toutefois demeurée sans effet à notre égard) qu'elles seraient liquidées, un Introducteur des Ambassadeurs se soit empressé d'abuser pour spolier ses beaux-fils, et de son crédit auprès de ses proches, et des circonstances dans lesquelles le gouvernement légitime s'est trouvé jeté.

Peut-être concevra-t-on difficilement encore que, portant jusqu'aux pieds du trône ses calomnies et ses dénonciations, il ait osé réclamer justice contre les justes réclamations de son beau-fils?

On s'émerveillera sans doute alors, si l'on apprend que, cédant à l'une de ces conceptions hardies qui caractérisent notre siècle, et se portant lui même au-dessus de son propre déshonneur, il ait pris l'initiative, en éveillant l'attention du prince sur sa conduite, et se soit enfin enhardi jusqu'à mettre sous les yeux du monarque des détails sur sa famille dont le récit seul le devait couvrir de honte.

Tout autrement jaloux du présent, et confiant dans l'avenir qui nous doit juger, je saurai mettre un terme, il en est tems, à ma poursuite. La raison et la prudence m'ont fait un devoir de m'arrêter sur le bord du précipice dans lequel je vois s'abîmer mon adversaire. Que décoré des INSIGNES de l'honneur, qui ne sauraient lui appartenir, il exerce des fonctions qu'il ne devrait point exercer; qu'il traîne auprès des princes et des ministres étrangers son usurpation et ses manies pour moi, préférant mille fois encore le destin qui me poursuit, si, jetant un regard sur moi-même, je ressens le besoin de calmer mes regrets, si je cherche les moyens de supporter ce nouveau motif de ruine, qui pèse sur ma famille; si je prétends me rassurer sur l'accomplissement de mes devoirs envers ma postérité, que je ne voudrais pas pour tout au monde avoir laissé rétrograder, et que l'ordre tôt ou tard rétablira dans mes droits, il me suffira de me rappeler que j'ai dévoilé jusqu'à l'évidence que si M. de Lalive est seul Introducteur, c'est pour avoir exploité à son profit ce prétexte, seul moteur et unique résultat possible des révolutions, *spolier les uns pour enrichir les autres,* et qu'en un mot il est Introducteur parce qu'il ne devrait pas l'être, et que, si je ne le suis pas, c'est par cela même que je le dévrais être.

~~~~~~~~~~~~~~~~~~~~

(Note *citée à la page 71*).

Les moindres saillies, les moindres réparties des Princes portent coup; mais si parfois d'un seul mot elles décident des choses, apprécient les hommes, et deviennent des jugemens, des sentences irrévocables, c'est sans contredit lorsqu'elles émanent de ces Souverains favorisés de la nature, et généralement admirés pour l'excellence de leur esprit et la délicatesse de leur tact.

Si l'on devait ajouter foi au récit de ce qui se passe à la Cour, lorsque le bruit en transpire par la ville, il faudrait croire que, récemment, M^r. de Lalive, stupéfait en voyant l'attention fixée sur lui, par quelques expressions de condoléance qu'un auguste personnage *daignait* lui adresser au sujet des Mémoires de Mme. de Lalive d'É..., pensa s'excuser de leur publicité, de la manière la plus décisive, en balbutiant que cette dame n'était pas sa mère. Le Prince, dont mon respect ne me permet pas de rapporter les paroles, aurait tout à la fois résolu le problême, apprécié l'homme et donné une admirable leçon à ceux d'entre ses nombreux germains favorisés de la fortune, en *daignant* encore le tranquilliser par cette assurance d'une simplicité aussi ingénieuse que remarquable : que tout le monde savait très-bien que Mme. de Lalive d'É... était sa tante.

Il y a tout lieu de penser que M^r. de Lalive manqua de présence d'esprit ou d'esprit peut-être en cette occurrence. Combien pouvait-elle lui prêter de captieux raisonnemens et de victorieuses répliques, cette indulgente et facile philosophie, identifiée en quelque sorte avec sa famille? C'est elle qui ne peut supporter cette noblesse qui la gêne, et dont l'inutile et ridicule préjugé a fait, des vertus du père, le plus beau comme le plus périlleux héritage du fils. Elle prétend, par ses clartés nouvelles, avoir tout révélé; et pour le bonheur des peuples, la honte et l'infamie ne peuvent plus être héréditaires, et le mérite enfin doit être tout personnel.

De quelle importance après cela peut-il être à M^r. de Lalive que les égaremens de sa famille se soient fait remarquer au-delà des plus notables égaremens?

Que lui importe après tout, que de son lignage déjà trois ayent succombé à leur démence? Et qu'importe enfin que les écrits du tems, parmi les plus révoltans exemples, ayent déjà cité son nom (1)? Qu'aujourd'hui, dans les plus célèbres plaidoyers, on le cite encore lorsqu'il s'agit de préserver les générations futures, lorsqu'il s'agit d'accuser l'insuffisance de la philosophie moderne contre l'explosion de ces déplorables conceptions qui viennent ravaler l'humanité, contredire la nature et désespérer le législateur (2)?

Les plus beaux souvenirs aujourd'hui sont imputés à crime; ce sont de tous autres souvenirs dans lesquels on prétend nous faire reconnaître la garantie de nos libertés publiques. Ainsi, plus blanc que neige, M^r. de Lalive se peut considérer; plus qu'aucun autre, il doit se montrer fièrement, et si seul à lui contester hautement l'éminence de ses mérites personnels, je parvenais à faire admettre qu'il ait déjà ressenti quelques atteintes des crises morales et physiques dont il est menacé, qu'il prenne

(1) L'Accusateur public, n°. 4, page 22.

(2) Il y a rigueur extrême à exiger que l'abbé Linant lutte seul et avec avantage contre les Princes de cette secte identifiée avec la famille de l'auteur *des Conversations d'Émilie*, et qui depuis cette époque est parvenu à bouleverser le monde. Si long-tems, que le nom de Néron rappellera *le nec plus ultrà* de la cruauté; Sénèque et MM. les nouveaux Philosophes, ses dignes émules sous le rapport du mépris des richesses, conserveront quelques droits à la palme qu'ils prétendent inutilement rejeter.

patience et se tranquillise, cette divine philosophie que rien n'embarrasse (je ne veux pas dire l'amour de la sagesse), va bientôt venir l'absoudre encore, et qui sait, le récompenser de nouveau? Les connaissances humaines, à l'entendre, ont incessamment atteint leur apogée; tout doit enfin succomber sous ses coups; il se perfectionne en toute hâte, ce système sublime, d'après lequel l'organisation physique sera publiquement reconnue pour sa puissance quelquefois impérieuse et souvent irrésistible sur les facultés morales, et bientôt, grâce à lui, les crimes se commettront sans coupable; les vertus se pratiqueront sans honneur!

Chacun rencontrera, sans avoir mot à dire, son M^r. de Lalive, plus ou moins développé, selon que le germe des idées libérales aura plus ou moins fermenté dans son cerveau; et si pour cette fois l'ordre social résistait par miracle, les philosophes donneraient leur démission, supposé qu'on les y forçât.

POST-SCRIPTUM.

Un Auteur (1) qui, à en juger par les apparences, pourrait bien être l'ours ami de M^r. de Lalive et de la famille philosophique par excellence (elle dispose d'un assez bon nombre d'emplois), menace de m'écraser en passant sous l'un des énormes pavés extraits de son arsenal, si je ne cède à la cruelle nécessité d'aller me réjouir un peu plus loin, avec le public, de son admirable dextérité à assommer ses amis à la manière que La Fontaine a voulu dire.

Non content de contester l'authenticité des Mémoires de Mme. d'É..., il venge, à tout hasard, chacun des membres de la famille, des impertinences *de cette coquette vaporeuse,* par un éloge approprié. Celui de Mme. d'H... (Mlle. de Lalive) con-

(1) L'auteur de la brochure intitulée: *Examen des Mémoires de Madame de Lalive d'Épinay.*

tient entr'autres trois particularités excessivement glorieuses pour elle et pour le Comte *son mari*. *L'illustre guidon de gendarmerie,* après avoir perdu sa fortune, 400,000 fr. dont il avait accru la dot de la comtesse, et une partie de la fortune *de sa femme,* jura de ne plus jouer ; tint parole ; et c'est là le sublime. Tant d'autres jouent ce qui ne leur appartient pas, qu'il s'agit apparemment de lui savoir gré de n'avoir joué qu'un peu plus qu'il ne possédait.

La seconde particularité renferme, sous une apparence extrêmement futile, un grand exemple de niaiserie et de savoir-vivre. *Durant cette année de désastreuse mémoire, où la disette et la terreur régnaient dans Paris, Madame* craignit sérieusement que *la suppression de la poudre à poudrer,* ne fît tomber *ses magnifiques cheveux : M. d'H...* se rend à Paris ; parcourt *toutes les boutiques de parfumeurs ; apporte une abondante provision de poudre, et l'offre, en disant : il serait dommage de perdre d'aussi beaux cheveux !!*

La Dame, comme chacun sait, réduite à l'estime du Comte, était, depuis 40 à 50 ans, au mieux avec le Marquis de Saint-Lambert son amant, sauf à dire, quelques légères coquetteries cependant, avec l'homme aux Confessions, qui firent, il est vrai, jaser en Europe ; mais si peu sérieuses en effet, qu'à entendre son indiscret apologiste, elles auraient seulement inspiré la Nouvelle Héloïse à son auteur.

Point de répit ; mon auteur est intarissable, et son sujet le domine encore. Ai-je admiré jusqu'ici par complaisance ? il faut à présent que j'admire, de la meilleure foi du monde, le bon esprit, par exemple, que montre M^r. d'H..., *à n'exiger de l'amante de Saint Lambert, que de la décence dans sa conduite :* ou bien encore le soin tout conjugal qu'elle prenait *de faire préparer, dans les maisons du voisinage* où elle allait dîner avec le Marquis, un lieu (*une chambre*) galamment disposé, afin qu'il y fît sa méridienne accoutumée. La bonne Dame *avait soin de le visiter à son arrivée*, et cela, sans préjudice du *tête-à-tête* qu'elle s'était quotidiennement ménagé, *de dix heures à minuit, pour n'en pas perdre l'habitude. Elle recevait de la société à Sanois*, et sut y faire respecter cette louable coutume. *Tous trois* (c'est-à-dire, l'amant, la femme et le mari) *sont morts dans un âge très-avancé*. L'oraison funèbre est courte, mais l'épigramme est bonne.

L'auteur, non moins heureux lorsqu'il s'efforce à justifier le nouvel Introducteur des Ambassadeurs, emprunte cependant très-familièrement l'argument contenu dans son manuscrit, et auquel j'ai répondu page 71. Il nous donne à entendre que M^r. de Lalive, se hâtant lentement, était enfin parvenu à organiser une souscription dont le montant, destiné à sauver son nom, par l'acquisition des manuscrits de sa tante, aurait été versé, proportion sans doute exactement gardée, par les personnes plus ou moins fortunées et plus ou moins *mues par le même intérêt, et déterminées à faire des sacrifices communs, lorsqu'on leur dit qu'on faisait une édition* (des Mémoires de Mme. d'É...) *en Angleterre*. Les efforts de M^r. de Lalive se sont trouvé paralysés, je pense; et son recours à la philosophie décidé, du moment où il s'est aperçu de l'insuffisance du crédit de sa famille, pour empêcher en France la publication *des Mémoires*, sans bourse délier.

L'ingénieux ami, pour mieux acquitter le mandat secret qu'il a reçu de mon beau-père, prétend se parer d'un vernis d'impartialité, en travestissant mon nom, et en faisant, de mon beau-père, mon beau-frère, malgré que ces mots se trouvent imprimés en majuscules en tête de mon premier ouvrage, et à côté d'une assez longue épigraphe imprimée en petit-texte, et qu'il rapporte.

Il faudra bien qu'il convienne cependant, pour peu qu'il ait de bonne foi, qu'il y aurait une insoutenable témérité à vouloir établir le moindre paralèlle entre les Mémoires de Mme. de Lalive d'É..., sous le rapport du *scandale qu'elle a commencé*, et mon premier ouvrage, sous le rapport du même *scandale, que,* selon lui, *j'ai perpétué.*

Des détails désolans pour la famille de Mme. de Lalive d'É..., bien qu'à sa propre honte rassemblés par elle-même, sans motifs, sans prétextes, sans excuses, et dont la publicité a déjà épuisé trois éditions, conserveront long-tems encore, on le doit espérer, la plus humiliante prééminence, la plus déplorable célébrité. Rien ne peut justifier l'étrange prétention, de leur assimiler, à quelque titre que ce soit, un Mémoire comme le mien, dicté dans l'intérêt d'une légitime défense, par la nécessité de se soustraire à une insupportable persécution, par l'imposante nécessité de s'échapper d'une position qui prête à la médisance; et par cet autre devoir non moins imposant, de ne rien négliger, pour rendre à sa famille l'existence à laquelle elle a droit de prétendre, et que deux Rois ont daigné lui destiner.

Mon Mémoire, qu'on sait n'avoir été livré à l'impression que dans l'intention d'intimider mes adversaires, n'ayant point été publié, n'ayant point été vendu, n'a pu devenir, à moins de la mission la moins honorable, ou de la plus inexcusable indiscrétion, l'objet d'une critique publique, ou bien même d'une remarque impartiale (1) publiée par un tiers.

D'ailleurs cette DÉMARCHE de ma part, selon toutes les apparences, selon toutes les probabilités, et d'après les plus saines opinions, aurait suffi à faire lâcher prise aux plus déterminés

---

(1) (L'ouvrage): *il paraît devant tous les acteurs, les témoins; l'accusateur est là, les faits sont de fraîche date; s'ils sont inexacts, et les accusations calomnieuses, il sera facile de les contredire, et sans doute on le devra faire, etc.*

philosophes; et elle devait atteindre son but, sans le développement de l'une DE CES CHANCES AUSSI DIFFICILES A PRÉVOIR QU'IMPOSSIBLES A PARER, et dont la famille par excellence pouvait peut-être seule (n'en déplaise à son admirateur), ménager un nouvel exemple dans la personne du quatrième illustre de son nom (1).

(1) La tante de M^r. de Lalive, belle-mère de l'un des derniers Ministres de la Marine (Cte. M...), a reçu 3 à 400,000 fr. de mon père; depuis trente ans elle s'en trouve bien, et j'en suis fort aise. M^r. le Ministre d'État, selon l'ordre de la nature, s'en trouvera mieux après elle; rien n'est plus juste : mais il faut avouer qu'une irrésistible crainte de déroger aux excellens principes, a pu seule paralyser le puissant crédit de cette famille, lorsqu'il s'agissait d'arrêter l'un de ses membres (*mon beau-père*), au moment où il a lait s'emparer de la place dont on avait reçu le prix, et disposer à son gré de tous les droits qu'on m'avait cédés.

Vainement on m'objecterait l'insuffisance de ce crédit trop réel; lorsqu'on a su interdire, à trois des siens, de compromettre leur fortune, on s'est fait un devoir d'interdire à un quatrième d'ajouter à l'*illustration*.

Imprimerie de DONDEY-DUPRÉ, rue St.-Louis, n°. 46, au Marais, et rue Neuve St.-Marc, n°. 10, près la place des Italiens.

www.ingramcontent.com/pod-product-compliance
Lightning Source LLC
LaVergne TN
LVHW050629090426
835512LV00007B/748